Aus der Herzmitte leben

LEBEN

Leben,
wohnen, einen Ort haben.
Meinen Ort.

Leben,
aufbrechen, einen Weg gehen.
Meinen Weg.

Leben,
verletzlich bleiben, Schmerz zulassen.
Meinen Schmerz.

Leben,
schreien, stottern, Sprache finden.
Meine Sprache.

Leben,
wahrnehmen, sich wundern, staunen.
Danken.

Leben,
kämpfen und Widerstand leisten.
Wachsen und wachsen lassen.

Leben,
der Einsamkeit Raum geben,
Angst zulassen,
Hass nicht beschönigen.
Dem Leben zum Durchbruch verhelfen.

Bruno Dörig

AUS DER HERZMITTE LEBEN

Eschbacher LebensArt

Bruno Dörig, geboren 1943, Autor und Verleger im Ruhestand, begleitet zusammen mit seiner Frau Menschen auf poetischen Spaziergängen und meditativen Wanderungen in der Ostschweiz und in Südfrankreich.

Lieferbare Titel im Verlag am Eschbach:
Schenk dir ein Mandala! (Heft 1). *Bilder der Mitte* (Geschenkheft 073).
Schenk dir ein Mandala! (Heft 2). *Schritte aus der Mitte* (Geschenkheft 143).
Schenk dir ein Mandala! (Heft 3). *Ins Gleichgewicht kommen* (Geschenkheft 137).
Der Kreis, die Mitte und die Farbe Blau. *Schenk dir ein Mandala!* (Heft 5) (Geschenkheft 193).
Stille Wintertage wünsch ich dir (Geschenkheft 536).
Von der Stille will ich dir erzählen. *Berichte von einer ungewöhnlichen »Reise«* (Buch 268).
Wenn nichts mehr geht, dann geh. *Aufbrechen – Nachdenken – Ankommen* (Pocket 595).

Titelbild: Bildagentur Waldhäusl, A-Waidhofen/Ybbs

Seite 43: Eveline Hasler: Vom Winter lernen, © bei der Autorin; Seite 52: Detlev Block: Immer pflücken müssen, aus: ders., Lichtwechsel. Gesammelte Gedichte, 1999 Verlag Vandenhoeck & Ruprecht, Göttingen, © beim Autor; Seite 57: Maryse Bodé: Alles in allem, aus: dies., Licht & Schatten im offenen Kreis, © Edition „B“ Urs Buchmann, Cavigliano; Seite 94: Maria Biedrawa: EFFATA, © bei der Autorin; Seite 102: Anita Schmid: Mitte, © bei der Autorin; Seite 112: Silvia Trummer: Der rote Faden, © bei der Autorin; Seite 125: Joop Roeland: Uns anvertraut, aus: ders., An Orten gewesen sein, © Otto Müller Verlag, 2. Aufl., Salzburg 2001.

Bibliographische Information der Deutschen Nationalbibliothek:
Die Deutsche Nationalbibliothek verzeichnet diese Publikation in der Deutschen Nationalbibliographie; detaillierte Daten sind im Internet über http://dnb.d-nb.de abrufbar.

ISBN 978-3-88671-900-6

Im Alten Rathaus/Hauptstr. 37
D-79427 Eschbach/Markgräflerland

www.verlag-am-eschbach.de
Gestaltung: Finken & Bumiller, Stuttgart
Herstellung: Freiburger Graphische Betriebe, fgb

INHALT

EINFÜHRENDE GEDANKEN

Als ich vor Jahren einen Freund bat, mit mir die Stille zu »erforschen«, winkte er ab. Er wolle nicht gern nach innen horchen, vielleicht sei da ja gar nichts. Ich habe für diese Befürchtung Verständnis, Zweifel dieser Art gehören zum Leben. Und doch drängt es mich immer wieder, auf diesen inneren Raum der Seele aufmerksam zu machen. Da ist nicht nichts. Es gibt eine Art Mönchszelle in uns, einen Ort des Rückzugs, der Stille. Einen Bereich, den man als »gesunden Kern« der Person bezeichnen könnte. Da ist »Wurzelkraft«, eine Quelle lebendigen Wassers, die uns mit Gott verbindet.

Der Zugang zu diesem Innenraum erschließt sich nicht von selbst. Es braucht ein Bemühen, Übung. »Alles, was kostbar ist und wirklich zählt, ruft nach Achtsamkeit und langem Atem«, lese ich in einem Brief, den ich kürzlich bekam.

Eine Herzlichkeit, die aus unserer Mitte kommt und auf unsere Umgebung ausstrahlt - das wünsche ich mir und den Leserinnen und Lesern dieses Buches.

Bruno Dörig

Ein Großteil der vorliegenden Texte stammt aus dem vergriffenen Buch »Wurzelkraft« von Bruno Dörig, das im Jahre 2000 im Verlag am Eschbach erschienen ist.

STILLE

Aus der Stille das Wort ergreifen,
sich mitteilen, handeln

Alles hat seine Zeit. Ich bin zuversichtlich. Die Stille ist etwas ganz Elementares. Früher oder später wird sie uns ansprechen und berühren wie eine Freundin, auch wenn der Zugang vorübergehend verschüttet ist. Oder verstellt mit allerlei scheppernden Gerümpel. In einer immer lauter werdenden Welt muss der Wert der Stille erst wieder entdeckt werden, meint ein Stilleforscher. Vielleicht haben wir vieles vergessen. »Aber wir tragen die uralte Weisheit der Stille in uns.«

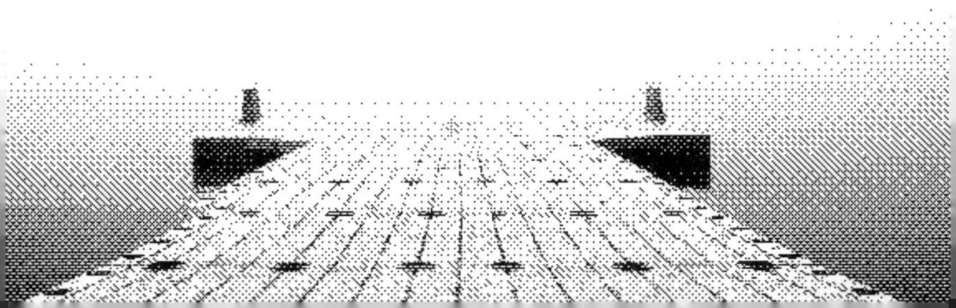

KULTUR DER STILLE

»Ich atme Schweigen. Es ist so wichtig für mich wie Brot. Ich brauche die Stille, um hören zu können. Ich brauche die Stille, um Mensch zu sein.«

Das schreibt eine 18-jährige Schülerin, die an ihrer Schule die Meditation kennenlernte. Ich höre und lese in letzter Zeit vermehrt von Lehrkräften, die Schülerinnen und Schüler mit Erfolg zur Stille führen.
Hoffnungsvolle Zeichen für die zunehmende Hinwendung zur verändernden Kraft der Stille? Ist der Lärmpegel so angestiegen und die Geschäftigkeit so groß geworden, dass in den Augen vieler nur noch eine radikale Gegenkraft helfen kann?
Vor Jahrzehnten berichtete Graf Dürckheim von der »Kultur der Stille«, die er in vielen Teilen der japanischen Lebensart entdeckt hatte. Die tiefe Weisheit des Stilleseins gehe aber auch uns westliche Menschen an. Und unsere Zeit hätte sie bitter nötig.
Ist uns diese Kultur abhanden gekommen? Eine Unterscheidung zum Begriff der Kultur könnte weiterhelfen. Wir reden von Kultur im Zusammenhang von Bauen, Kunst und Handwerk. Der Mensch ist Schöpfer von Kultur. Wir haben eine »Kultur des Werkes«. Im Osten dagegen bringt Kultur den Menschen in seine Mitte, wo die Gewichte neu gesetzt werden. Die menschliche Leistung ist zwar nicht unwichtig, aber sie wird nicht absolut gesetzt. Ein größerer Sinnzusammenhang wird sichtbar. Der Mensch bekommt »Seinsfühlung mit dem größeren Leben«. Diese Kultur, die sich in der Gartengestaltung ebenso wie in der Teezeremonie ausdrückt, misst sich

nicht an dem, was sie hervorbringt. Es ist eine »Kultur des inneren Weges«, meint Graf Dürckheim.
Die Schülerin, die schreibt, dass sie die Stille zum Menschsein brauche, hat vielleicht intuitiv etwas von diesem inneren Weg verstanden.
Wo könnten wir anknüpfen, wenn wir eine im westlichen Kontext gewachsene Kultur der Stille suchen? Vielleicht in der kontemplativen Tradition der Orden. Der Gregorianische Choral, der ganz aus der Stille kommt, übt auf Menschen unserer Zeit eine große Faszination aus.
Die Suche nach einer neuen Kultur der Stille ist in erster Linie eine Frage nach meiner Lebensart. Verdränge ich die Stille oder gehört sie selbstverständlich dazu?
Kenne ich Orte der Stille in meinem Umkreis und suche ich sie auf? Sind mir in privaten oder beruflichen Gesprächen Pausen peinlich oder halte ich sie aus, weil ich weiß, dass Stille ein Gespräch bereichern könnte?

- Wenn junge Menschen in ihren eigenen vier Wänden eine Meditationsecke einrichten, dann hat die Stille eine Chance.
- Wenn die Idee vom »Ohrenfasten« die Runde macht, dann ist ein guter Anfang gesetzt.
- Wenn der Mythos der Schnelligkeit verblasst und viele die Langsamkeit entdecken, kommt die Stille wieder zu ihrem Recht. Eile und Stress sind Feinde der Stille.
- Wenn in einem öffentlichen Gespräch ein Schriftsteller sagt, er möchte zuerst ein paar Momente in Stille über die gestellte Frage nachdenken, dann besteht Anlass zur Hoffnung, dass eine Kultur der Stille im Wachsen ist.

Eine gute Chance hätte eine neue Kultur der Stille in unseren Kirchen. Einerseits sind die Räume da, die Kirchen, die Kapellen und Klöster. Es gilt, sie als besondere Orte der Stille, die allen zugänglich sind, zu entdecken. Andererseits ist die Vorstellung, dass uns die christliche Botschaft auf einen Weg schickt, nicht fremd, im Gegenteil. Es ist ein innerer Weg, ein geistlicher (für einige gar ein mystischer), und es ist ein äußerer Weg der Tat. Dass dieser Weg in der Stille vor Gott seine Mitte hat, Anfang und Ende, wüssten wir eigentlich.

IHR TALISMAN

Eine Seminarwoche in den Bergen. Als Gegengewicht zur intensiven Kopfarbeit verordnen wir uns zweimal täglich eine halbe Stunde für Meditation, bestimmen einen Raum der Stille und richten ihn dafür ein. Aber die gute Absicht genügt nicht. Die Stille hat zwar einen Raum, aber sie blüht nicht auf, kommt nicht zum Leben. Zu heftig sind unsere Auseinandersetzungen, zu laut unsere Gespräche und unser Gelächter. Kopf und Herz sind noch besetzt, wenn wir in den Raum der Stille eintreten. Die verordnete Abwesenheit von Worten und Tönen genügt nicht, es fehlt ein Zwischenraum, der Herweg.

Nur wenn Elisabeth, die junge Frau aus dem Bergdorf den Raum betritt, ahne ich etwas von der Kraft und Ausstrahlung der Stille. Elisabeth bringt sie mit, eine gewachsene, vielleicht eine erlittene Stille. Die Art, wie sie geht und spricht und isst, die bedächtigen Bewegungen, der klare, ruhige Blick auf Menschen und Dinge – die ganze Persönlichkeit Elisabeth hat einen Hof von Stille um sich. Es ist so wohltuend, der Stille in Menschen zu begegnen.
Später, am Abend, zeigt uns Elisabeth ihren Talisman. Es ist eine kleine chinesische Kugel, die ganz leise Töne von sich gibt, wenn man sie bewegt.

STILLE ZUMUTEN

Ich meine, man sollte der Stille eine Chance geben, damit sie sich entfalten kann. Man muss ihr nicht »helfen«, indem man sogenannte Meditationsmusik abspielt. Manche haben Angst, es könnte peinlich werden, wenn das Programm nicht weiterläuft. Fast scheint es, man dürfe sich und anderen die Stille nicht zumuten.
Nun weiß ich aus eigener Erfahrung, dass es nicht leicht ist, das richtige Maß zu finden. Man muss selbstverständlich den Rahmen, in dem man zur Stille einlädt, mitberücksichtigen. Auch habe ich nichts gegen Musik. Sie lebt ja selbst von der Stille, von den Pausen, von den leisen Passagen, die zum Hinhören und Verweilen führen. Aber ich finde es schade, auch für die Musik, wenn sie nur dazu gebraucht wird, um eine Zeit der Besinnung aufzufüllen, wie ein Loch, das ausgeebnet werden muss. So kommt es nie zu einer Begegnung mit der wirklichen Stille. In solchen Momenten wird mir deutlich, wie sehr uns eine Kultur der Stille fehlt. Fehlt sie uns nicht gerade darum, weil wir ihr nichts zutrauen? Wie oft gehen wir lieber auf Nummer sicher und bringen Musik oder fahren ganz schnell, bevor Stille Raum gewinnen kann, im Programm weiter.

Es ist wahr, die Stille hat etwas Unberechenbares. Ich kann nicht versprechen, dass wir durch äußerlich geschaffene Stille auch »innere Ruhe spüren« oder »zur Mitte kommen«. Vielleicht berührt uns die Stille, vielleicht nicht. Ich kann ihr einfach durch äußere Rahmenbedingungen eine Chance geben, dadurch, dass für eine bestimmte Zeit kein anderes Programm läuft: Wir sind zusammen, sitzen da, so ruhig, wie es uns möglich ist, und schweigen. Diese Übung sollten wir wagen, sollten sie uns und anderen zumuten, im privaten ebenso wie im öffentlichen Bereich.

Auf unseren Wanderungen in Südfrankreich besuchen wir jeweils die sehr schöne Kirche St. Guilhelm-le-Désert, die an einer Nebenroute des Jakobsweges liegt. Beim letzten Mal ist mir ein Kartonschild aufgefallen, das beim Eingang der Kirche angebracht ist. Darauf steht zu lesen: »Gardez le silence qui vous est confié!« Wir sollen die Stille hüten, die uns anvertraut ist. Demnach wäre uns ein Stück, fast möchte ich sagen ein Quantum an Stille in die Obhut gegeben, zu dem wir Sorge tragen sollen. Ähnlich wie zu einem Talent, das uns in die Wiege gelegt wurde. Wenn ein Talent sich entfalten soll, braucht es Beachtung und Pflege. So ist es mit der Stille. Sie ist uns ein anvertrautes Geschenk – zu unserem Wohl! Es kann zerrinnen wie Sand zwischen den Fingern. Oder vom Samen zur blühenden Pflanze werden.

GIANPIERO

Als ich ihn kennenlerne, ist er damit beschäftigt, im Freien ein Feuer zu entfachen: ein Feuer, das auch noch zwei Stunden später die Kraft hat, die Artischocken vom Feld nebenan gar werden zu lassen. So ist es Brauch auf Sizilien. Bedächtig und wohlüberlegt sind die Handgriffe von Gianpiero. Der eher kleine, schlanke Mann, der gegen sechzig geht, fällt mir auf durch ein zufriedenes, nach innen gekehrtes Lächeln auf seinem Gesicht. Es scheint von weit her zu kommen und verbreitet mitten im lautstarken Geplauder der großen Familie einen Hof der Stille. Es ist nicht die strenge Stille der Mönche. Es ist eine einladende Stille um Gianpiero. Komm in meine Nähe, sagt sie, freue dich, dass wir zusammen sind. Wir müssen nicht viel reden. Es genügt, da zu sein.

Einen Tag später führt uns Gianpiero auf die Alp, wo seine Freunde mitten in den Schafweiden nach uraltem Brauch Ricotta herstellen. Und auch hier die Stille in den Gesichtern der Hirten, in ihrem Gang, in ihren Handreichungen.

WIE EIN GLAS WASSER

Die Stille ist wie ein Glas Wasser.
Es hat zu bestehen
gegen eine ganze Getränkeindustrie,
die meinen Gaumen kitzeln und verwöhnen will.

Wenn du an einem heißen Sommertag auf einer Bergwanderung zu einem plätschernden Brunnen kommst, wirst du das kühle Wasser zu schätzen wissen. Es erfrischt dich, wenn du einen Schluck trinkst und das Gesicht netzt oder gar die Arme im Brunnen schwenkst.

Eine ähnlich belebende Wirkung kann die Stille auf die Seele haben; etwa wenn wir in einer klaren Nacht ins Freie treten und zum Sternenhimmel aufschauen oder in den Ferien am Meer in aller Frühe einen Spaziergang am menschenleeren Strand machen.

SEIDELBAST

Entweder:

Im Gespräch mit Freundinnen und Freunden den Satz »Nun blüht doch schon der erste Seidelbast« einfließen lassen. Schwärmen von der köstlich duftenden Pflanze, die Jahr für Jahr Anfang März in der Waldlichtung zum Blühen kommt. Vom Bedürfnis reden, so oft wie möglich hinauszugehen, Naturverbundenheit zeigen. Man war ja schon grün, als es die Farbe politisch noch gar nicht gab.
Das Besondere erwähnen, nicht das hundskommune Veilchen oder gar das Schneeglöckchen im spießigen Vorstadtgarten. Seidelbast muss es schon sein. Kenn ich gar nicht, wie sieht der denn aus, fragen ein paar Unwissende. Erzählen vom Großvater, der einen als Kind mitnahm auf die sonntäglichen Spaziergänge und die Pflanzen erklärte.
Und dann noch erwähnen, es gebe doch dieses alte Volkslied, das mit dem tiefsinnigen Vers: »Johann Gabriel Seidelbast /erhängte sich an einem Ast« beginne. Man sei eben interessiert an der Volkskultur, hätte gerne Ethnologie studiert, was aber zu jener Zeit noch nicht üblich gewesen sei. Germanistik sei da näher gelegen. Hinausgehen und Feldforschung betreiben, den alten Liedschatz auf Tonband festhalten, ein Archiv anlegen, das sollte man jetzt tun, solange es noch Leute gebe, die diese Lieder kennen.
Schließlich wie nebenbei erzählen, man habe in diesem Jahr wieder einmal Lust gehabt, im Botanikbuch nachzulesen, was da über den Seidelbast stehe. Er sei ein Strauch, der zur Gattung der Myrtenartigen gehöre und giftig sei. Der Bast japanischer und indischer Art werde zu Papier

verarbeitet, zu sogenanntem Nepalpapier. Auffallend sei der starke Duft. Ah voilà. Warum habe Patrick Süsskinds Roman »Das Parfum« einen so großen Erfolg? Doch deshalb, weil er den vernachlässigten Geruchssinn wieder ins Gespräch brachte. Man selbst habe schon immer eine Vorliebe für den Geruchssinn gehabt. Darum wohl die besondere Beziehung zum Seidelbast.
Gott sei Dank sei jetzt eine gewisse Rückkehr zum Ursprünglichen zu beobachten. Man denke nur an die Aromatherapie, an Edelsteine und Bachblüten. Da werde ein uraltes Heilwissen wiederentdeckt, das die Apparatemedizin und die Heilmittelindustrie vergessen haben. Man habe selbst mit Erfolg Bachblüten eingesetzt bei den Schulschwierigkeiten der eigenen Kinder.

Oder:

Einfach in den Wald
hinausgehen,
den Seidelbast sehen,
sich an ihm freuen,
den Duft einatmen –
und keinem Menschen
etwas davon erzählen!

FEIERABEND

Ich suche eine stille Ecke im Haus. Ein vergebliches Bemühen. Wo immer ich mich hinsetze, erreichen mich Töne verschiedener Lautstärke, die ich jetzt nicht mag. Einer probiert seine neue Stereoanlage aus, ein anderer will unbedingt die Serie am Fernsehen verfolgen, und aus dem Radio in der Küche tönen Nachrichten. Verschiedene Programme, meins ist nicht dabei. Familienleben. Mein Rundgang in den Zimmern bringt nicht viel. Die Musik sei doch schön, so richtig entspannend. Was hat der bloß, sagt der Blick aus dem jungen Gesicht. Er hat seine Töne, seine Musik ist frei gewählt. Kein Problem für ihn. Es ist nicht das erste Mal, dass ich auf der Suche nach Stille auf das Problem der Freiheit (der Demokratie?) stoße. Wenn die Bundesbahn beschließt, in sämtlichen Zügen Musikberieselung aus den Lautsprechern zu bieten, als besondere Serviceleistung für den Kunden, dann muss ich mich fügen. Oder ich muss Gesinnungsfreunde in einem »Verein gegen die musikalische Berieselung der Eisenbahnwagen« sammeln und politisch kämpfen (mittlerweile nicht mehr nötig, Gottseidank). Oder ich muss mir Pfropfen in die Ohren stopfen. Weglaufen kann ich nicht, ebensowenig wie beim Zahnarzt, der seit neuestem auch diese Warenhausmusik ertönen lässt. Aber unser Haus, am Rande des Dorfes gelegen, hat eine Türe. Ich öffne sie, trete hinaus in die Kälte und Dunkelheit eines Winterabends. Und nach fünf Minuten bin ich draußen auf dem Feld, wo es ganz still ist. Ich atme tief durch.

Als ich nach einer halben Stunde zurückkehre und mich auf die »Hausmusik« einstellen will, traue ich meinen Ohren nicht: Es ist mäuschenstill.

STILLEN

Die Stille, die von einem schlafenden Säugling ausgeht, ist etwas vom Schönsten und Berührendsten, was ich kenne. Es ist, als ob die Stille von sehr weit her komme. Vom Innern der Erde? Fällt das Kind mit seinem »Bewusstsein« nochmals zurück in die Zeit, als es im dunklen, schallgedämpften Bauch der Mutter war? In die Geborgenheit jener Zeit?

Hat meine Suche nach Stille damit zu tun, dass ich selbst neun Monate der Stille erlebt habe, bevor ich das Licht der Welt erblickte?

Leise, wie ich hereingeschlichen kam, gehe ich wieder zurück ins Wohnzimmer und lasse nachwirken. Für Momente ist die Lust auf Zerstreuung aller Art verflogen.

Etwas später schaue ich auf die Uhr. Die Mutter sollte bald zurücksein, zum Stillen. Da ist es wieder, das Wort. Haben die Worte – Stillen und Stille – etwas miteinander zu tun?

AUSEINANDERSETZUNG

In die Sackgassen der Vorwürfe und Verdächtigungen geraten, suchen wir Klärung im Gespräch. Endlich. Jeder bekommt die Möglichkeit, seinen Standpunkt darzulegen. Vieles, was sich aufgestaut hat, kann im Reden abfließen. Manches trifft, tut weh. Anderes bleibt dunkel. Der große Aufwand an Worten reicht nicht aus, um zu benennen, was ist. Allmählich versickert das Gespräch ... Es wird still. Er schweigt. Ich schweige. Das Schweigen wird zum schmalen Steg, über dem wir uns entgegenkommen.

SCHREIBEN

Am ehesten fühle ich mich in der Schule dann zu Hause, wenn es gelingt, in den jungen Menschen die eigene Sprachquelle zum Sprudeln zu bringen. Das geschieht manchmal im Gespräch, wenn ein Thema einen Lebensnerv trifft, wenn wir vergessen, dass wir Schüler und Lehrer sind, und einander als Menschen nahekommen. Es passiert auch beim Schreiben, wenn wir sorgfältig genug ein Thema erarbeitet haben, zu dem wir mit Lust und Freude etwas zu sagen haben.

Mir ist im Deutschunterricht vor allem eines wichtig. Ich freue mich, wenn die Schüler entdecken, dass für ihre Sehnsüchte und Hoffnungen, für ihre Freude und ihre Angst eine Sprache bereitliegt, die hilft, im Leben nicht unterzugehen, sondern zu bestehen.

In der Sprache liegt einerseits eine Kraft, die das Unheimliche und Beängstigende zwar nicht aus der Welt schafft, aber in eine Form bannt. Es bekommt einen Namen und wird dadurch zum Gegenüber. Andererseits kann die Sprache einen Weg in die Zukunft bahnen. Im Schreiben entsteht die Vorstellung einer Welt, wie sie auch noch sein kann. Und manche Idee, die später umgesetzt wird und Erfolg hat, ist zuerst auf dem Papier lebendig.

Ob die Schule zu dieser – existentiellen – Sprache verhilft? Verhindere ich sie nicht sehr oft mit meinem Rotstift? Natürlich hat die Rechtschreibung, diese gehätschelte heilige Kuh unserer Schulen, ihre Berechtigung. Wir vermitteln unseren Schülern etwas Wertvolles, wenn sie sich korrekt und verständlich ausdrücken lernen. Aber wie helfen wir ihnen, wenn sie für ihre Angst einen Namen und für

ihre Vorstellung vom Leben Worte suchen? Kommen meine Schüler mit Sprache dieser Art (etwa in Tagebüchern, Briefen, Gedichten) in Berührung? Zeige ich selber, dass mir Schreiben weiterhilft? Darum ginge es ja wohl, dass Sprache letztlich im Dienst des Lebens steht.
In diesen Monaten lernt unser Sohn lesen und schreiben. Er eignet sich Buchstabe um Buchstabe, Wort um Wort an, kritzelt eins ums andere bedächtig ins Heft. Für die Lehrerin vorerst. Sie klebt ein Bildchen ein, wenn er schön und richtig schreibt. Und eines Tages entdeckt der Siebenjährige, dass Geschriebenes eine Nachricht enthält, die man entziffern kann. Im Programmheft des Fernsehens kann er nachlesen, wann und auf welchem Sender seine Lieblingssendung läuft.
Dann probiert er die Wirkung des Geschriebenen selbst aus. Auf dem Küchentisch liegt ein Zettel mit den Worten: »Ich gehe spazieren.« So brauchen wir nicht nach ihm suchen, wir wissen Bescheid. Ein andermal sehe ich an der Wand in seinem Zimmer ein Stück Papier mit der Aufschrift: »Heute habe ich einen Schatz gefunden.« Eine Erklärung dazu will der Bub nicht geben. Mit Worten kann man auch Grenzen setzen, die eigene Welt markieren. »Hier wohnt T. Dörig« steht eines Tages an der Tür zu seinem Zimmer.
Früh genug erfährt der Junge auch, dass man mit Worten täuschen, vertuschen und zudecken kann – und missverstanden wird. Er entdeckt ebenso, dass die Sprache versagt und wegbleibt, dass sie übergeht in Stottern, Weinen und Schweigen, an der Grenze zum Unsagbaren.

Einmal möchte ich ganz ausführlich meiner eigenen Sprachgeschichte nachgehen. Seit dem 12. Lebensjahr ist

mir das Tagebuch- und Briefschreiben ein großes Bedürfnis. Es hat mir viel geholfen, auch die harten und turbulenten Jahre zu überleben. So ist mir die Sprache immer mehr zum Freund geworden – und zum Werkzeug, mit dem ich den Acker umgrabe, damit er fruchtbar bleibt. Sie ist mein Filter, durch den ich »Welt« in mich hereinnehmen kann. Schreibend versuche ich zu verstehen, was mit mir, mit der Welt und mit mir in dieser Welt geschieht.
Die Sprache kann trösten. Oft hilft sie mir weiter, wenn ich ein Problem lösen muss. Aber nicht immer. Oft zeigt sie sich widerborstig und störrisch, ausgelaugt und verbraucht, veraltet und konservativ. In letzter Zeit spüre ich, dass mir eine Sprache für den fairen und fruchtbaren Streit fehlt. Ich kenne Wörter und Redewendungen, die einen Konflikt abschwächen und einen christlich verbrämten Versöhnungsbrei aufgehen lassen. Wir müssten lernen zu streiten in einer Sprache, die den andern Menschen achtet, aber den Konflikt nicht beschönigt und die Beteiligten nicht allseits besänftigt. Diese Sprache müsste eindeutig bleiben und hart, wo es nötig ist, aber auf Veränderung und Wachstum angelegt.

In hellen Stunden, etwa wenn ich einen lieben Brief bekomme, möchte ich ein Loblied auf die Möglichkeiten des geschriebenen Wortes anstimmen. Ist es nicht herrlich, dass wir unsere Gedanken zu Papier bringen können! So werden sie transportabel, ein Austausch wird möglich. Sicher, wer einen Brief wegschickt oder einen Artikel veröffentlicht, muss sich überwinden. Wie kommt das Geschriebene wohl an? Habe ich mich nicht zu sehr entäußert? Kann ich nicht schrecklich missverstanden werden? Ein Wagnis ist dabei.

Doch wenn ein wirklicher Austausch zustande kommt, geschieht es auch, dass wir im Schreiben und Lesen viel Glück erfahren. Schreiben ist auch eine Art, den andern ein Nächster zu werden, habe ich kürzlich gelesen. Das wäre die schönste Leistung unserer Sprache. Sie ist ja ein soziales Instrument in höchster Form. Keiner besitzt sie. Wir bedienen uns ihrer, sie gehört allen und ermöglicht in der Tat Gemeinschaft und Frieden, durch alle Konflikte hindurch. Ob ich die Kraft der Sprache nicht überschätze und überfordere?

Manchmal möchte ich mich davonschleichen,
ins Land jenseits der Sprache,
möchte mich im Schweigen erholen,
möchte lesen in den Steinen, im Wasser, im Schnee.

DER ESKIMO IM FERNSEHEN

Ich sitze im gediegen eingerichteten Bürovorraum der Abteilung »Kultur und Wissenschaft« im Fernsehstudio und warte auf Martin, den Freund aus der Studienzeit.
Nach dem Abschluss an der Uni war Martin zwei Jahre im Schuldienst tätig. Es brachte ihm aber keine Befriedigung. So wechselte er bei der erstbesten Möglichkeit zum Fernsehen. Das war offenbar ein kluger Entscheid. Nach kurzer Zeit wurde ihm der verantwortungsvolle Posten des Abteilungsleiters übergeben. Es verband uns damals an der Uni eine tiefe Freundschaft. Wir hatten viele gleiche Interessen und die feste Absicht, im späteren Berufsleben vollen Einsatz für eine menschlichere Welt zu zeigen.
In Gedanken an jene Zeit habe ich vor ein paar Wochen ins Studio telefoniert. Martins Sekretärin konnte einen Termin vereinbaren, und nun sitze ich hier und warte und hoffe, die alte Freundschaft sei noch lebendig. Und Martin habe Verständnis für meine Idee, die ich ihm vortragen will.
Jetzt kommt er zur Türe herein. Er sieht gut aus. Gepflegter Haarschnitt, hellgrüne Krawatte, Hemd und Anzug Ton in Ton. Wie ein Vertreter für kulturelle Kurzwaren, schießt es mir durch den Kopf. Früher hätte ich solche Bemerkungen frisch heraus gesagt. Aber jetzt? Es wäre nicht sehr klug.

Die Begrüßung ist herzlich. Aber die Mitteilung, wir hätten bis zum nächsten Termin genau eine Viertelstunde Zeit, kühlt ab. Also komme ich am besten gleich zur Sache.
»Ja«, sage ich, »weißt du, die Sache klingt fürs erste ein bisschen verrückt. Aber wenn man darüber nachdenkt, dann merkt man schon, dass da viel drin liegt. Eine andere Abteilung eures Fernsehens hat kürzlich einen ganzen Tag

lang das Leben aus einem Bauernhof übertragen, ganz live, ohne Kürzungen und Zusammenfassungen. Der Zuschauer sollte einmal hautnah den Alltag eines Bauern kennenlernen. Im Schlusskommentar wurde gesagt, man wolle Experimente dieser Art weiterführen, zum Beispiel mit Ganztagesreportagen aus einem Spital oder aus einem Kloster. Das hat mich ermutigt, eine alte Idee aufzugreifen und sie dir hier vorzubringen. Ihr habt in einer eurer wissenschaftlichen Sendungen über das Leben der Eskimos berichtet. Es hat mir sehr Eindruck gemacht, wie die Eskimos zur Beschaffung der Nahrung ein Loch in die Eisdecke schneiden und dann stundenlang geduldig warten, bis ein Fisch anbeißt. Der Kommentator erwähnte im Besonderen, dass die Eskimos dieses Warten ausdrücklich als Arbeit verstünden und im Warten auch eigentliche Meister seien. Man hat im Filmbericht in etwa dreißig Sekunden gezeigt, was in Wirklichkeit vier bis sechs Stunden dauert. Nun habe ich mir überlegt, ob man im Fernsehen nicht einmal den Tagesablauf eines Eskimos mit eben dieser Wartearbeit übertragen könnte.«

Martin hat mir bisher geduldig zugehört. Jetzt räuspert er sich und will etwas sagen. Sein Blick verheißt keine Zustimmung. Ich will aber am Ball bleiben und fahre gleich weiter.
»Weißt du, in dreißig Sekunden kommt ja eben gerade das Wesen dieses Wartens nicht zum Ausdruck. Der Zuschauer nimmt das zur Kenntnis, aber er erfährt darüber nichts Wesentliches. Es wäre eine hohe kulturelle Tat des Fernsehens, wenn es die fast sensationelle Möglichkeit böte, das Warten als Seins- und Lebensform mitzuvollziehen.«
»Mein Lieber«, fällt mir Martin ins Wort, »dein Vorschlag

ist ja interessant, er geht aber an den Realitäten unseres Mediums vorbei. Schau«, fährt er in begütigendem, fast väterlichem Ton fort, »wir haben sehr präzise Untersuchungen über die Sehgewohnheiten unserer Zuschauer. Man hat wissenschaftlich herausgefunden, dass die Zuschauer ein stehendes Bild nicht länger als fünfzehn Sekunden goutieren. Was darüber hinausgeht, langweilt sie, sie stellen auf einen anderen Sender um. Wir haben dieses Ergebnis allen unseren Mitarbeitern weitergegeben, und sie halten sich daran. Dein Vorschlag wäre vielleicht etwas für eine private Fernsehanstalt, die sich mit Happenings und dergleichen befasst. Aber bei uns –«

»Nein«, sage ich, »das darf man eben nicht ins Private abdrängen. Warten geht uns alle an. Wir haben das verlernt. Das Fernsehen soll in einer kulturellen Tat auf echt alternative Weise eine vergessene oder verkümmerte Lebensform neu ins Bewusstsein rufen. Für einmal ist nicht der Geschmack der Zuschauer maßgebend, sondern ein Bedürfnis der menschlichen Kultur. Du wirst mir doch zugeben, dass wir wenig vom Leben verstehen, wenn wir keinen Sinn mehr fürs Warten haben.«

Martin hört mir gar nicht mehr zu, glaube ich. Er sagt nur noch müde: »Kürzlich hat mir ein Kollege von der Abteilung Religion erzählt, ein gelegentlicher Mitarbeiter habe in einer Sendung über den Zen-Buddhismus ganze zwei Minuten eine weiße Mattscheibe zeigen wollen. Stell dir das vor! Das geht einfach nicht.«

»Ja, ich weiß, das ging nicht«, sage ich, vor mich hinstarrend.

»Wieso weißt du das?«

»Jener gelegentliche Mitarbeiter, das war nämlich ich.«

SCHRIIB'S DOCH UUF!

Schriib's doch uuf! Dieses kleine Sätzchen habe ich oft bei Familienanlässen mit mehreren Generationen gehört. Eine ältere Tante beginnt zu erzählen, wie es früher war. Sie kennt viele spannende Geschichten aus dem Berlin der dreißiger Jahre. Ihr verstorbener Mann arbeitete dort als Koch in einem noblen Hotel. Die Jungen hören interessiert zu, und plötzlich sagt jemand spontan: Du solltest das alles notieren, sonst wird es vergessen. Wir möchten diese Geschichten auch unseren Kindern weitererzählen können: *Schriib's doch uuf!*

So entstehen, wenn die Aufforderung erst genommen wird, Lebenserinnerungen und Familienchroniken. Persönliche Erlebnisse und Veränderungen in der Gesellschaft werden für die Nachkommen festgehalten. Dahinter steht selten der Anspruch, etwas literarisch Wertvolles zu schaffen. Erlebtes soll einfach aufgehoben werden, damit es nicht vergessen wird.

Auf ähnliche Weise entstehen Reisetagebücher und Dorfchroniken. Oder jemand will sich über längere Zeit die Träume notieren. Oder Väter und Mütter nehmen sich vor, ihre Beobachtungen und Gefühle aufzuschreiben beim Miterleben, wie ihr Kind wächst und groß wird.

Zwischen Absicht und Tun ist manchmal eine Kluft. Man verschiebt das Aufschreiben auf später, vielleicht aus Bequemlichkeit, vielleicht aus einer inneren Scheu heraus. Und später kommt das Bedauern. Darum ist es gut, wenn uns schreiblustige Mitmenschen Mut machen – mit der Aufforderung: *Schriibs' doch uuf!*

Schriib's doch uuf! rate ich Mitmenschen, die in ihren Gedanken und Gefühlen etwas Ordnung bekommen wollen. Das

Notieren hat in den meisten Fällen eine wohltuende Wirkung. Was mich beschäftigt oder umtreibt, bekommt eine Form, eine vorläufige wahrscheinlich. Aber immerhin, ich kann es wie von außen betrachten. Ich verdränge es nicht, aber ich schreibe es mir von der Seele, damit es mich nicht mehr so bedrückt. Dort sind meine Empfindungen, Pläne, Wünsche, Schmerzen und Sehnsüchte deponiert. Ich kann sie wieder hervorholen, neu bearbeiten, ergänzen oder darüber lachen. Das Tagebuchschreiben ist eine einfache, naheliegende Form der Gesundheitsvorsorge für die Seele.

Viele Erfahrungen mit dem Schreiben haben wir in der Schule gemacht. Da war jemand, der korrigierte und entschied, was richtig und gut sei. Das hat die meisten von uns geprägt. Und es wirkt leider oft negativ nach, auch beim Tagebuchschreiben. Wir sind als erwachsene Menschen zwar frei und können kaum etwas falsch machen. Man kann dem Tagebuch gegenüber nur mehr oder weniger ehrlich sein. Und selbstverständlich sind wir oft mit der Sprache, die wir für unsere Empfindungen verwenden, nicht ganz zufrieden.
Es ist wichtig und notwendig, dass wir bewusst Abschied nehmen von Autoritäten und Vorbildern, vom Schema richtig-falsch, um unsere ganz eigene Art des Schreibens zu entdecken. Das ist nicht immer leicht, ich gebe es zu. Und es ist ein Prozess über viele Stufen. Aber Unzufriedenheit und Rückschläge sollten uns nicht entmutigen. *Schriib's doch uuf!* heißt auch: Freue dich an deinem Weg und schreib einfach drauflos, auch gegen einen Berg von Widerständen und Ansprüchen, aber schreib, schreib wei-

ter! Zu lustvollem und fruchtbarem Schreiben komme ich nur durch Schreiben. Es ist dein Text, du bist niemandem Rechenschaft schuldig. Du darfst später auch ungeniert lachen über den »Quatsch«, den du damals notiert hast. Vielleicht ist das Geschriebene aber auch zum Staunen und Danken.

Wenn es mir gelingt, frei und unbekümmert Tagebuch zu führen, bekomme ich ein Stück persönlicher Kultur geschenkt. Ich scheue mich nicht, diesen Begriff zu verwenden. Kultur kommt vom lateinischen colere und heißt bebauen, pflegen. Wenn ich Tagebuch schreibe, pflege ich mein geistiges und seelisches Leben. Ich pflüge den Acker in mir um, nehme mich in meinen Gedanken und Gefühlen ernst. Ich setze mich, vorerst allein und in stiller Besinnung, mit existenziellen Fragen aus dem persönlichen und gesellschaftlichen Leben auseinander. Oder, wenn es mir danach ist, spiele ich mit der Sprache. Und wer mit der Sprache spielt, macht den Weg vielleicht frei für Schritte in Neuland.

Manche (besonders die Männer den Frauen) werfen Tagebuch-SchreiberInnen vor, sie seien zu sehr auf sich selbst konzentriert, betrieben Nabelschau oder leckten gerne ihre Wunden. Vielleicht ist da sogar etwas Wahres dran. Ich erlebe aber, etwa in Schreibwerkstätten, viel eher, dass Menschen durch Schreiben Selbstwertgefühl gewinnen. Sie bekommen Klarheit über manches, was in ihrem Leben Gewicht bekommen oder verlieren darf. Das Tagebuch ist die Werkstatt für das eigene Planen und Denken und der Ort, wo sich der Wille zur Mitgestaltung und zum Widerstand in der Öffentlichkeit bilden und festigen kann. Tagebuch-Schreiberinnen und -Schreiber ziehen sich vorerst zurück, um Standortbestimmung zu machen.

Dann aber wollen sie vielleicht einen Brief schreiben oder mit anderen ins Gespräch kommen oder in einer Gemeindeversammlung mutig das Wort ergreifen.
Dahinter steckt das Wunder der Sprache, die Verständigung und Verständnis möglich macht. Der persönliche Umgang mit ihr im stillen Stübchen und die Mitteilung im Brief oder das Wort-Ergreifen in der Öffentlichkeit gehören zusammen.

Ich sage: *Schriib's doch uuf!* und nicht: Tipp es ein! Oder kommt das letztlich aufs Gleiche hinaus? Für mich nicht. In der Handschrift erlebe ich die sinnliche Seite dieses Tuns als Freude. Der Stift, das Papier, meine Hand, der Schreibplatz und die Stille, all das gehört dazu. Vielleicht ist es ein bisschen Luxus, wenn wir uns einen schönen, einladenden Schreibplatz einrichten. Aber es erleichtert und beflügelt, alles ist bereit. Es braucht mir nur noch jemand zuzuflüstern: *Schriib's doch uuf!*
Zur sinnlichen Seite des Schreibens gehört auch das Papier. Es kann uns je nach Farbe und Struktur verschieden ansprechen, gefallen oder gleichgültig lassen. Der Tastsinn in den Fingerspitzen wird angeregt, wenn wir das Papier in die Hand nehmen. Es gibt Papiere, die sich ganz weich und angenehm beschreiben lassen, andere sind zäh und widerborstig. Wieder andere Papiere lösen angenehme und unangenehme Erinnerungen aus.
Gut ist es darum, sich eine Sammlung von verschiedenen Papieren anzulegen und auszuprobieren, welches für welche Schreibsituation passt.

P.S. »Wer sich schreibend verändert, ist ein Schriftsteller«, meint Martin Walser.

BRACHZEIT

Nach der Brachzeit aufbrechen,
im Wechsel der Jahreszeiten
den Weg gehen, heimkehren

Ist es nicht so, dass wir heute in manchen Belangen den Sinn fürs Ruhenlassen und Kräftesammeln verloren haben? Wir erwarten immer gleich Erfolg. Was nicht sofort und sichtbar ein Resultat zeitigt, wird beiseite geschoben. In einer Zeit, in der scheinbar alles machbar ist, wenn man nur die richtigen Leute organisieren lässt, hat es der Sinn für Brachzeiten schwer. Wir brauchen den Ausdruck »brach liegen« ja auch vorwiegend im negativen Sinn. Was brach liegt, muss aktiviert werden, meinen wir. Das ist ein Irrtum. Wer eine Aufmerksamkeit von innen heraus hat für das, was in einer Frage, in einer Beziehung, in einem Geschäft brach liegt und vielleicht brach liegen muss, der kann auch zur rechten Zeit in der scheinbaren Passivität einen Sinn sehen.

INNEHALTEN, WENN WINTER IST

Wenn jemand sagt, er erlebe eine Zeit des Winters (z.B. im Geschäftsleben oder in der Ehe), so hat das offensichtlich einen eher unerfreulichen, fast negativen Klang. Wer Winter sagt, meint Kälte und Frost, Schnee und Eis. Die Erde, die im Sommer Blumen und Früchte hervorbringt, ist hart und gefroren, scheinbar ohne Leben. Wer in einem Lebensbereich Winter erlebt, kann sich nicht am Ernten erfreuen; Ertrag und Erfolg sind nicht in Sichtweite. Die Hoffnung auf eine neue Blüte- und Erntezeit ist nicht sehr stark. Aber immerhin, es könnte sein, dass ...

Der Winter ist nicht die Zeit der lebhaften Kontakte und der lauten, farbigen Feste. Wer hinaus muss auf die Straße, bleibt kaum zu einem gemütlichen Schwatz stehen. Die Leute auf den Plätzen und Straßen ziehen den Kopf gegen die Schultern, wie wenn sie die Wärme, die der eigene Körper schenkt, besser zusammenhalten wollten. Es zieht sie nach Hause.

Winter meint auch eine Zeit der Ent-Täuschung. Manche große Erwartung aus dem Frühling und manche Hoffnung auf eine reiche herbstliche Ernte hat sich nicht erfüllt. Die Vorratskammern haben sich nicht im erwarteten Maß gefüllt. Der Winter weiß am besten, was der Sommer gebracht hat, sagt man in Dänemark. Dieses Wissen um Leistung und Lücken, um Verdienst und Versagen kann heilsam sein.

Sicher, wer Winter sagt, meint eine Zeit der Kälte, der Dunkelheit, des Rückzugs, der Enttäuschung und Ernüchterung vielleicht. Wir sind es jedenfalls gewohnt, diese Begriffe eher mit negativen Gefühlen zu verbinden. Aber wer durch die gefrorene Erde hindurch tiefer gräbt, findet Wärme und verborgenes Leben, das sich aufs Blühen und Früchtetragen vorbereitet. So könnte es doch sein, dass Winter in vielen anderen Lebensbereichen etwas Gutes und Notwendiges meint.

Wer Winter sagt, nennt einen Abschnitt im Jahreskreis. Seit Jahrmillionen hat sich alles Lebendige im Rhythmus der Jahreszeiten entwickelt. Und noch heute weiß jeder Landwirt und Gärtner, wie sehr jedes Wachstum von den Jahreszeiten abhängt. Alles Lebendige ist eingebunden in den großen Rhythmus von Aufblühen und Vergehen, von Kommen und Gehen, von Anfangen und Aufhören, von Wagen und Zaudern, von Aufbrechen und Heimkehren.

EINLADUNG ZUR LEBENSKUNST

Der Winter ist eine Einladung
zum Ausruhen und Zusichkommen.
Zum Nachfühlen und Wirkenlassen.
Zum Distanzgewinnen und Erwägen.
Zum Wiederholen und Begreifen.
Zum Vertiefen und Auskosten.
Zum Raumgeben und Beherzigen.
Zum Verdauen und Verarbeiten.
Zum Ertragen und Durchstehen.
Zum Kraftholen und Widerstehen.
Zum Demutlernen und Verzeihen.
Zum Danken und Loben.

Der Winter ist eine Einladung
zum Schauen und Hören.
Zum Schmecken und Riechen.
Zum Tasten und Fühlen.
Zum Wohnen und Genießen.
Zum Erzählen und Singen.
Zum Spielen und Tanzen.
Zum Diskutieren und Pläneschmieden.
Zum Basteln und Werken.
Zum Stricken und Schneidern.
Zum Musizieren und Malen.
Zum Dichten und Vorlesen.
Zum Drandenken und Briefeschreiben.
Zum Bücherlesen und Wiederlesen.
Zum Phantasieren und Erfinden.

Der Winter ist eine Einladung zur Lebenskunst.

LIEBE FRAU SCHNEE

Liebe Frau Schnee, vor Jahren, Ende September, kamst du heimlich in der Nacht, und du hast gewütet wie eine Irre. Am mächtigen alten Lindenbaum in unserem Dorf hast du mehrere Riesenäste respektlos zu Boden gedrückt und abgebrochen. Es kam mir vor, wie wenn du sagen wolltest: »Ich bin nicht die sanfte Kraft für kaputte Herzen. Ich kann auch anders, da schaut her ...« Du möchtest offensichtlich, dass die Menschen ihr Bild von dir immer wieder korrigieren. Das ist dir bei mir gelungen. Seine Majestät, der Schnee! So dachte ich nach jener Septembernacht.

Leise, fast scheu kommst du oft im November. Es ist Abenddämmerung, meine liebste Zeit. Ich sitze am Schreibtisch beim Fenster. Vor mir eine Tasse Kaffee und irgendeine Schreibarbeit, die ich auch morgen noch erledigen kann. Ich schaue zum Fenster hinaus und weiß fast plötzlich: Heute kommst du! Eine freudige Erregung kriecht in meine Glieder. Ich erwarte dich wie eine Geliebte. Dann die ersten Flocken auf dem Fensterbrett, der Vorplatz wird langsam weiß, im Hintergrund noch ganz schwach die blauschwarze Wand der Vorarlberger Alpen. Du bist da, es ist Winter! Leise berührst du mein Herz.

So, wie du in den ersten Stunden deiner Ankunft an meine Seele rührst, möchte ich dir immer begegnen. So bist du mir wirklich eine Freundin, eine Verbündete, ich kann deine zärtliche und liebevolle Sprache erwidern. Aber wenn du die kalte Schulter zeigst, dann verwirrt es mich. Warum machst du den Alten das Leben schwer? Ihren ohnehin langsamen Schritt machst du noch schwerer. Sie müssen in ihren Häusern bleiben in einer Zeit, in der ihnen Geselligkeit vielleicht gut täte? – Du ballst dich zu Lawinen zusammen und bedrohst ganze Dörfer. Du tötest Menschen! Als Schneeflocke bist du so lieblich und als Lawine bist du so schrecklich. Ich verstehe dich nicht, liebe Frau Schnee. Bist du am Ende gar keine Frau, sondern ein Mann?

Wenn ich an deine gewalttätige Seite denke, dann geht es mir nicht gut. Alles Nachdenken und Verstehenwollen gerät in eine Sackgasse. Mein Kopf wird wie aufgeblasen. Ich wollte eben schreiben, wie ich mich freue, wenn du auf eine Stadt fällst. Ganz demokratisch verteilst du dich auf alle, auf Reiche und Arme, auf Dumme und Intelligente, auf Schöne und Hässliche. Das ganze dicke Geld nützt dem Herrn Generaldirektor nichts, wenn der mit seinem Luxuswagen in den weißen Massen steckenbleibt. Er kann noch so lange in gewohnt weltmännischer Art das Taxi rufen, es hilft nichts, das ist nämlich auch steckengeblieben. Das finde ich herrlich. Ich erinnere mich an einen Geschäftsmann, der seinen amerikanischen Gästen einen rustikalen Schweizer Abend mit Fondue, Ländlermusik und Schneeflocken vor dem Fenster bieten wollte. Du kennst ja die Reklame, die du so treffend zieren darfst. Aber es war, wie wenn du einen Streich spielen wolltest, du erschienst nicht. Der Geschäftsmann, ein Macher mit gut ausgebauter Werbeabteilung, ließ es dann künstlich schneien. Eine armselige Angelegenheit. Aber hör mal, liebe Frau Schnee, ich bringe diese heitere, fast clownhafte Seite an deinem Wesen nicht mit der grausamen zusammen. Warum bist du so?
Mit heißem Kopf trete ich hinaus ins Freie, ziehe Pantoffeln und Socken aus und wate, wie oft am Abend, hinaus auf die Schneewiese – barfuß. Es ist herrlich erfrischend, am Anfang. Dann krallt sich die Kälte fest, es ist kaum

zum Aushalten. Noch ein paar Schritte hinaus in die Wiese, dann aber zurück im Schnell-Lauf, die Füße brennen. Was eben noch erfrischend und prickelnd auf der Haut war, ist nichts als Kälte, die schmerzt. Ganz schnell ziehe ich zwei Paar Strümpfe an und lege mich in Decken eingehüllt auf das Sofa. Jetzt kriecht ganz langsam eine wohlige Wärme in die Zehen und in den ganzen Fuß und die Beine hinauf in den ganzen Körper. Wie gut das tut! Ich fühle mich besser, der Kopf wird frei. Du kannst zärtlich berühren, du kannst bedrohen und Angst machen und du bist darüber hinaus eine erfrischende Gratismedizin für guten Schlaf.

Nun, ich rede und rede, will mich mit dir unterhalten. Mit Worten. Vielleicht ist das gar nicht die rechte Art. Vielleicht willst du uns zum Verstummen, zum Schweigen, zur Stille führen. Auf jeden Fall bist du fähig, eine laute, lärmende Gruppe von jungen Leuten zum Schweigen zu bringen, wenn sie nach einer Seilbahnfahrt im Wallis plötzlich der Arena der Berge gegenübersteht. Du kannst unsre Seele verändern. Wenn wir dir in der Einsamkeit begegnen, dann verraucht unsere Wut, die Unzufriedenheit wird lächerlich, die Depression verliert ihre Dunkelheit, für einen Moment lang wenigstens.

Wie ein Bad für die gegängelten und übersatten Augen kann eine weite weiße Fläche deines Gewandes werden. Weiß ist voller Möglichkeiten, sagt Kandinsky. Ja, das ist es wohl. Wenn du dich ausbreitest, dann zeigst du uns Zukunft. Danke, liebe Frau Schnee.

In den letzten Jahren bist du oft über Wochen und Monate weggeblieben. Erst Mitte Februar beglücktest du uns in diesem Jahr holterdiepolter mit einem gewaltigen Blitzbesuch, wie wenn du sagen wolltest: Mich gibt es auch

noch, aber ich komme, wann ich will! Die Leute, die im Fremdenverkehr und beim Wintersport beschäftigt sind, grollen dir. Der Verdienst, den sie mit dir machen, fällt aus; das bringt sie in eine missliche Lage. Du hast Macht, und ich stelle mir vor, du spottest über die Versuche, Kopien von dir herzustellen – mittels Schneekanone.
Einige sagen, du hältst dich absichtlich zurück, du willst uns zeigen, dass unser unvernünftiges Verhalten in der Umwelt alles durcheinander bringt. Das kann ich nicht glauben. Du bist doch kein Pädagoge, eher schon ein Zen-Meister. Wenn du da bist, dann wirkst du durch deine Gegenwart, durch deine rätselhaften Gegensätze.

Komm, liebe Frau Schnee, besuche uns regelmäßig, wir haben deine Gegenwart bitter nötig. Niste dich bei uns ein und bringe – wenigstens gelegentlich – unser hektisches Getriebe zum Erlahmen. Das bringt uns vielleicht zur Besinnung und zum Umdenken. Wir sind nämlich ganz schreckliche Geschwindigkeitsfanatiker geworden. Hilf uns, dass wir zu einem gesunden, menschengemäßen Lebensrhythmus zurückfinden!
Bevor ich schließe, muss ich dir noch etwas erzählen, was dich vielleicht freut. In einer Sonderschule schaut ein kleines Mädchen, das von Geburt an gehörlos ist, aus dem Fenster. Es schneit. Plötzlich wendet es sich einer Heimerzieherin zu und sagt: »Einmal möchte ich hören, wie es schneit.«

DIE BRACHE

»In kürzester Zeit« und »spielend leicht« sind wichtige Stichworte unserer Gesellschaft. Wenn ich etwas lernen will, eine Sprache zum Beispiel, oder wenn ich etwas aufbauen will, dann wird mir kaum gesagt, dass es dazu Geduld und einen langen Atem braucht. Erfolg oder Geld zurück, sagen die Verkäufer und Berater. Wer nicht profitiert, ist selber schuld ... Dabei ist dies noch immer wahr: Wenn im Menschen etwas wachsen und Gestalt bekommen soll, dann kommt es darauf an, dass der Acker in uns für den Samen bereit ist. Und der Acker braucht von Zeit zu Zeit die Brache, sonst wird er ausgelaugt und taugt nicht mehr. Lernen wir vom Winter das Ruhenlassen. Lassen wir uns überschneien, ohne Furcht, wie Eveline Hasler sagt. Es wird uns gut tun. Vieles wird sich in der Zwischenzeit wie von selbst ergeben. Für anderes wird es Frühling werden. Und Sommer, die Zeit der Aktivität und der schnellen Entscheide.

Vom Winter lernen
der Stille zu vertrauen
der Sprengkraft des Unsichtbaren
und dem Sammeln in den Kammern
während der
Brachzeit

Vom Winter
wieder lernen
sich überschneien zu lassen
ohne Furcht

Eveline Hasler

VERSUCHUNG

Manchmal, mitten im Sommer, eine Art Sehnsucht nach dem Winter. Anders als bei den Kindern, die, einer plötzlichen Erinnerung folgend, sich aus heiterem Himmel Schneeflocken wünschen, um mit ihnen zu spielen. Bei ihnen entspringt der Wunsch der reinen Lebensfreude, der Lust, der Kälte zu trotzen, in Schneehaufen zu waten, lärmend den Hügel herunterzusausen und mit Kameraden im weichen Schnee herumzutollen. Anders bei mir. Die Erinnerung an den Winter kommt aus dem Wunsch, eine weiße Decke möge gnädig zudecken, was mir über den Kopf zu wachsen droht: das Unkraut im Garten, die Läuse im Bohnenbeet, die wild wuchernden Sträucher ...

Winter als Versuchung, das Werkzeug aus der Hand zu legen, nichts tun zu müssen, nur zu lauschen auf die Stille des Flockentreibens. Winter als Versuchung, meiner Aufgabe auszuweichen, mich von den Erfordernissen des Alltags und den Bedürfnissen der Umwelt abzusetzen, um mich dank »höherer Naturgewalten« ungestört den Winterträumen hinzugeben. Wie schön, wenn die weiße Decke des Winters alle Unvollkommenheiten zudeckte, mich einhüllte und abschirmte vor allen an mich gestellten Erwartungen. In der Tat setzt der Winter Grenzen, er schränkt meine Aktivitäten ein. Manchmal würde ich die Grenzen, die der Winter setzt, schon im Sommer brauchen.

Ich möchte leben lernen im Einklang mit den Jahreszeiten, in denen »alles seine Zeit« hat. Im Frühling ist nicht die Zeit der Ernte, im Sommer nicht die Zeit der Ruhe. Wenn ich mich den Anforderungen des Sommers stelle, werde ich erst guten Gewissens und dankbar die gnädige Ruhe des Winters begrüßen können. Vielleicht werde ich nach vielen (Garten-) Sommern und vielen Wintern allmählich lernen, worauf es ankommt: auf den richtigen Einstieg im Frühling, auf das wachsende Mitgehen im Sommer, auf das Zurückgeben im Herbst und das Kräftesammeln im Winter.

LASS LOS

Ich weiß, dass nicht alle den Winter mit Freude erwarten. Viele mögen Schnee und Kälte nicht, und für ältere Menschen ist diese Jahreszeit hart und mühevoll. Und doch kann der Winter als Brachzeit eine Chance sein. Er hat eine gnädige Seite, die uns gut täte.

Lass los, gib zurück, sagt der Winter. Lass gut sein, wie es ist. Es gehört zum Leben, dass sich vieles nicht erfüllt, was wir anstreben und erhoffen. Wie das Laub vom Baum fällt und in die Erde zurückgeht, so darf oder muss auch einiges von unseren Lebensplänen absterben.

EINLADUNG ZUR LEBENSLUST

Der Sommer ist eine Einladung
zum Wegfahren und Ausschwärmen.

Zum Reisen und Entdecken.
Zum Neues-kennen-Lernen und Freundschaften-Schließen.
Zum Aufbleiben bis tief in die Nacht.
Zum Musizieren und Tanzen auf Straßen und Plätzen.
Zum Genießen der Stille in einer kühlen Kirche.
Zum Stadtbummel und Festivalbesuch.
Zum Eislutschen und Italienischlernen.
Zum Schwitzen und Biertrinken.
Zum Sandburgenbauen und Postkartenschreiben.
Zum Dolce-far-niente
und zum Schlafen unter freiem Himmel.
Zum Sonnenbaden und Radfahren.
Zum Wandern und Bergsteigen.
Zum Sich-Hinlegen und Entspannen.

Der Sommer ist eine Einladung
zum Spüren der Lebenslust,
der Lebenskraft und der Leichtigkeit.

WACHSEN

Hochgewachsen mit schwerem Blütenteller steht sie vor dem Haus. Das Kind hat im Frühling Samen gesetzt, hat die kleine Pflanze im Topf gehegt und dann sorgfältig in den Vorgarten gebracht. Es hat zusehen können, wie etwas lebendig wird und wächst und eine große Gestalt bekommt und Früchte, neue Samen hervorbringt.

Zusehen und miterleben, wie etwas wächst – damit prägt sich etwas ganz Wichtiges und Elementares ins Herz eines jungen Menschen ein. Alle Theorien und Gespräche über das Leben und den Sinn des Lebens vermögen die leibhaftige Erfahrung, dass etwas wächst und Zukunft hat, nicht aufzuwiegen.

Es hilft nicht sehr, wenn wir darüber jammern, dass viele Kinder heute die grundlegende Erfahrung, dass eine Pflanze heranwächst, wenn sie Pflege bekommt, nicht mehr machen. Aber es ist nüchtern festzustellen, dass wir in vielen Lebensbereichen nicht mehr dabei sind, wenn etwas entsteht. Das gilt für die Natur (Mensch, Tier, Pflanze) ebenso wie für viele Teilprozesse. Die Dinge, die wir täglich brauchen, von der Milch über die Kleidung bis zum Benzin von der Tankstelle, stehen fertig vor uns. Gedankenarbeit ist nötig, um sich den Weg und die Menschen vorzustellen, die am Entstehen beteiligt waren.

Ich denke, dass sich da etwas verändert hat in der europäischen Kultur gegenüber früheren Zeiten. Es gehen uns dabei sicher wichtige Werte verloren: Ist die Hoffnung auf einen Frieden, der die Menschen leben lässt, so klein, weil wir zu wenig erfahren, dass ein Same, eine Idee wachsen und groß werden kann?

Auf Französisch heißt »kennen« connaître, was etwa soviel bedeutet wie beim Werden einer Sache dabei sein. Wieviel im Leben sehen und fühlen wir werden?

IMMER ALLES

Ich hatte vor kurzem Gelegenheit, eine große Hotelanlage am Mittelmeer kennenzulernen, die nach dem System der Club-Ferien eingerichtet war. Das System, habe ich mir sagen lassen, sei in allen Clubs dieses Namens überall auf der Welt das Gleiche. So fühle sich die Kundschaft überall schnell zu Hause. Die Anlage ist gut gesichert. Sie ist ein Ghetto.

Alles ist cool, lässig, fun und action den ganzen Tag. Juhuismus in Reinkultur. Die Animateure sind auf Freundlichkeit getrimmt. Comment vas-tu? Can I help you? Dazu ein einstudiertes Lächeln, das selten zur Person passte und oft unnatürlich wirkte.

Am meisten beschäftigte mich die Esserei in diesem Hotel. Ich lese gern die Menükarte eines Restaurants. Sie sagt schon etwas aus über den Stil des Hauses und die Persönlichkeit des Kochs. Noch lieber lasse ich mir vom Kellner etwas empfehlen, was gerade heute aktuell ist.
In diesem Clubhotel gibt es, so mein Eindruck, zu allen Mahlzeiten (fast) alles. Es gibt keine Menükarte. Man wandert durch eine Art Küchensaal und nimmt, was das Herz begehrt. Schlaraffenland. So hat es die Kundschaft gern. Man ist zufrieden.

Mich hat das Prinzip »Immer alles« lange beschäftigt. Es beherrscht ja mittlerweile viele Lebensbereiche. Kühlhäuser machen uns fast ganz unabhängig von den Jahreszeiten. Wer Fasnacht im Sommer möchte, organisiert eine Sommerfasnacht (vor kurzem zwei entsprechende Inserate in der Zeitung gelesen). Und das Handy erlaubt es, jederzeit erreichbar zu sein.

Ich bin der (altmodischen?) Ansicht, dass alles seine Zeit hat, dass der Wechsel der Jahreszeiten einen tiefen Sinn hat. Ich will mich freuen können, dass etwas gerade heute so möglich ist. Ich mag Restaurants (und Menschen), die ein Profil haben, Originale sind.

HEILSAME STILLEZEIT

Immer pflücken müssen,
bevor die Zeit da ist.

Schneller abliefern,
als es nachwächst.

So sind unsere Tage gefragt.

Ich gäbe so gern einmal wieder
eine reife Frucht aus der Hand.

Detlev Block

Ich halte einen Boskop-Apfel aus dem Garten meiner Eltern in der Hand. Was für ein Wunder, diese Frucht, Jahr für Jahr vom gleichen Baum! Ich mag den herb-süßen Geschmack auf der Zunge, wenn ich hineinbeiße. Und ich finde Apfelkuchen mit diesen Früchten besonders köstlich. Boskop-Äpfel gehören zum Herbst und zur Winterzeit in meinem Jahreskreis, ebenso das von innen aufsteigende Gefühl, dass etwas zum Abschluss kommt, sich rundet. Der Winter hat eine gnädige, versöhnliche Seite: Er holt ein, gibt zurück, deckt zu, lässt ruhen.

Mit dem ersten Schnee beginnt die stille Jahreszeit, sagt man. Wenn Sie möchten, dass Sie die Stille berührt und etwas ins Innere wendet und vertieft, dann lassen Sie sich bewusst auf den Winter ein. Suchen Sie die Stille auf, wo Sie sie vermuten. Gehen Sie aus dem Haus, auch zu »Unzeiten«, in der Nacht und immer wieder in der Dämmerung, auch wenn es grau und neblig ist, auch wenn es schneit und windet. Der Winter hat etwas zu sagen, auch wenn er unerfreulich daherkommt. Er kann zur heilsamen Stillezeit des Jahres werden. Aber es geschieht nicht wie von selbst. Ich muss mich der Stille schon zuwenden, muss immer wieder ein Rendez-vous mit ihr vereinbaren. Mich einrichten auf Zeiten des Wartens, der scheinbaren Passivität.

Wieviele Winter hast du auf dem Rücken? so fragt man in nördlichen Ländern, wenn man wissen will, wie alt jemand ist. Dahinter steckt eine Lebensweisheit: Entscheidend für reifes Menschsein ist nicht das Laute und Äußerliche, sondern das, was einer an Erfahrung nach innen kehren und in seine Persönlichkeit integrieren kann. Entscheidend ist nicht das äußerlich wahrnehmbare Resultat, die messbare Ernte, sondern die Kraft, die aus einem inneren Wachstum kommt; die Jahresringe, die sich innen anlegen; die Einstellung zum Leben, getragen von Dankbarkeit, Zuversicht und Geduld mit sich selbst.

WENN DIE STERNE SINGEN UND TANZEN

Es ist ein Winterabend, einige Tage vor Weihnachten. Daniel, der Erstklässler, sitzt mit seiner Familie am Tisch beim Nachtessen.
»Heute Abend möchte ich bei Großmutter vorbeischauen. Kommst du mit, Daniel?« sagt die Mutter. Daniel nickt, er geht jedes Mal gerne mit zur Großmutter, die krank und bettlägerig ist und etwas außerhalb des Dorfes wohnt.
Die beiden machen sich auf den Weg. Die Straßenlaternen werden immer weniger, wie sie zum Dorf hinausgehen. Es ist auch ohne Beleuchtung ein heller Abend. Man sieht Mond und Sterne, die ihr Licht auf dem Schnee ausbreiten. Eine schöne, friedvolle Stimmung liegt über der Landschaft. Daniel nimmt die Hand der Mutter und drückt sie. Dann bleiben sie stehen und schauen zum Himmel.
»Du, Mama, gell, das sind die gleichen Sterne, die den Heiligen Drei Königen den Weg nach Bethlehem gewiesen haben?« fragt Daniel.
»Ja«, erwidert die Mutter. »Die Sterne helfen den Menschen zu allen Zeiten, den Weg zu finden. Früher sagte man, dass hinter jedem Stern ein Engel stehe, der uns Menschen begleiten und beschützen will. Das ist ein schöner Gedanke, ich will es gerne glauben. So müssen wir uns nicht fürchten, wenn wir im Dunkeln unterwegs sind ...«
»Du, Mama, ich habe vorhin gemeint, ich hätte die Sterne summen oder singen gehört. Kann das sein? Vielleicht sind es die Engel hinter den Sternen, die gesungen haben. Komm, wir horchen noch einmal ganz gut!«
Und sie haben den Gesang wirklich gehört, leise Töne von ganz weit her ...

»Jetzt müssen wir aber gehen, sonst wird es spät, Großmutter wartet sicher schon«, mahnt die Mutter.
Die Großmutter freut sich über den Besuch. Während Mutter Tee zubereitet, sitzt Daniel bei seiner Omi auf dem Bettrand. Das Bett ist zum Fenster gerückt, die Sterne scheinen auch hier ganz hell herein auf die weiße Bettdecke.
»Wenn ich wieder gesund und bei Kräften bin, will ich dir ein schönes Lied von den Sternen singen. Es wird dir sicher gefallen. Weißt du, wenn ich traurig bin und nachts nicht schlafen kann, dann schaue ich gern zu den Sternen und singe dieses Lied: ›Weißt du, wieviel Sternlein stehen, an dem blauen Himmelszelt ...‹«
Großmutter singt leise, mit brüchiger Stimme. Und die Stille danach ist zum Greifen nahe.
Auf dem Heimweg geht Daniel mit seiner Mutter ganz still durch die Wiesen. Und noch einmal, kurz bevor sie die ersten Häuser erreichen, zerrt Daniel an Mutters Hand und flüstert, als die beiden stillstehen:
»Ich glaube, die Sterne können nicht nur singen, sie können auch tanzen! Ich habe es gesehen!«
»Vielleicht ist es ein kleines Stück eines Sterns, man nennt sie Sternschnuppen. Die kommen gelegentlich auf die Erde zu ...... gerade so wie das Jesuskind, das uns Gott auf die Erde geschickt hat.«
Als Daniel im Bett liegt und die Mutter ihn segnet, sagt er:
»Heute ist ein ganz wichtiger Tag! Seit heute weiß ich, dass die Sterne singen und tanzen können, und ich will es nie mehr vergessen.«
Mit diesem Gedanken im Herzen schläft er ein.

HERZMITTE

Aus der Herzmitte heraus
wachbleiben, zugänglich –
mit allen Sinnen wahrnehmen

Alles in allem

Du meine Seele
wohin
willst du denn
mit all deiner Unruhe
wenn nicht zurück
in deinen ureigensten Kern
der alles ist
und in allem

Maryse Bodé

STAUNEN

Sich öffnen

Dem Kleinen und Unscheinbaren
Aufmerksamkeit schenken
Dem Druck des Fußes auf den Boden zum Beispiel
Für das Einfache sich öffnen mit allen Sinnen
Hier und jetzt
Für Wärme und Kälte
Für Licht und Schatten
Für Freude und Trauer
Für Süßes und Saures
Für Leichtes und Schweres
Sich öffnen

Geschehen lassen

Jede Bewegung ruhen lassen
Nichts tun
Gedanken und Pläne wie Wolken am Himmel ziehen lassen
Verspanntem Zeit zur Entspannung geben
Atmen lassen
Den Kreislauf spüren
Den Körper bewohnen
Geschehen lassen

Sich Zeit nehmen

Für Minuten frei werden
Von Lärm und Hetze
Vom Müssen und Sollen
Heraustreten aus dem Zirkel von Stunden und Tagen
Innehalten
Aufatmen
Zu sich kommen
Sich Zeit nehmen

Staunen

Über die Fülle des Einfachen
Über den Reichtum des Unscheinbaren
Über das Universum im einzelnen Menschen
Über die Kraft aus dem Unverzweckten
Über die Beredtheit des Schweigens
Staunen

ACHTSAMKEIT

Im Hinblick auf eine neue Publikation habe ich mich stark mit dem Begriff der »Achtsamkeit« beschäftigt. Das Wort meint nicht etwas ganz Neues. Aber es hilft uns vielleicht, eine Grundhaltung gegenüber dem Leben neu zu entdecken, die unsere Zeit bitter nötig hat. In der Achtsamkeit kann auch die winterliche Brachzeit auf ganz neue Weise zu uns sprechen. Das wünsche ich uns auf jeden Fall.
Unsere Heimat ist der gegenwärtige Augenblick, sagt der buddhistische Mönch Tich Nhat Hanh. In diesem Moment sind wir mit dem Leben verabredet. Jetzt ist es möglich, bewusst dem Atemrhythmus zu folgen und so Raum zu schaffen, damit das Leben ankommen kann, in die Herzmitte hinein. So ist es möglich, mit dem Glück und dem Frieden in Berührung zu kommen.
Unter dem Titel »Mit dem Herzen horchen« lädt David Steindl-Rast, ein Benediktiner, zu einem achtsamen Leben ein. Herz bedeutet das Zentrum unseres Wesens. Da sind wir nicht aufgespalten in Gefühl und Verstand, in Körper und Geist. Im Herzen sind wir eins. Wenn wir uns etwas »zu Herzen nehmen«, wird es Teil von uns.
Es ist wahrscheinlich kein Zufall, dass diese wichtigen Hinweise auf die Achtsamkeit von zwei Mönchen stammen; aus einer Lebensform, in der die Kultur der Stille erhalten blieb. Vielleicht wächst uns aus dem Mönchtum verschiedener Religionen eine Kraft und Inspiration zu, die zu einer neuen Lebenskunst führt.

In der Schule der Achtsamkeit geht es nicht um einen zusätzlichen Lehrstoff, kein neuer Inhalt kommt dazu. Ich

tue, was ich ohnehin tue oder tun muss. Aber ich versuche, es aus einer anderen Haltung heraus zu tun.
Ich wasche mich, ich esse, ich gehe zur Arbeit, ich wünsche der Nachbarin einen guten Tag, ich begrüße die Kolleginnen und Kollegen an der Arbeitsstelle – und ich bemühe mich, dies alles wach, aufmerksam, voller Hinwendung zu tun. Es sind kleine Verschiebungen, Nuancen in der Art, wie ich etwas tue. Auf den Punkt gebracht, könnte man sagen:
Es ist der kleine-große Unterschied von: Ich gehe, zu: Ich berühre die Erde mit meinen Füßen.

Die meisten von uns leben nicht im geschützten Raum eines Klosters, sondern in einem Alltag mit viel Betriebsamkeit und Routine. Ist es gut, auf diesem Hintergrund zu einem achtsamen Leben einzuladen? Entsteht da nicht ein Ideal, dem wir nie werden entsprechen können? Achtsamkeit ist tatsächlich eine Lebens-Kunst, die viel Einübung verlangt und nicht auf die Schnelle erreicht wird. Es braucht Geduld, Rückschläge gehören dazu. Ich freue mich an kleinen Schritten. Ich glaube immer weniger, dass ich mein Leben von einem Tag auf den andern umkrempeln kann. Wenn es mir aber gelingt, für ein paar Stunden mich voller Achtsamkeit meinen Aufgaben zu widmen, dann freut es mich. Es macht glücklich. Das ist meine persönliche Erfahrung. Darum möchte ich auf dem Weg bleiben zu einer Lebenskunst, die in der Achtsamkeit ihre tiefsten Wurzeln hat.

Die Grundhaltung der Achtsamkeit schließt nichts aus, nicht die Kälte des Winters und nicht den Tanz der Schneeflocken. Achtsamkeit heißt Verlangsamung der Wahrnehmung; bedeutet Offenheit und Sich-berühren-lassen, so unvoreingenommen wie möglich. Die verstandesmäßige Einordnung dessen, was auf mich zukommt, kann noch warten.

Achtsamkeit ist eine Haltung, die überall zum Tragen kommen kann. Die Art und Weise, wie ich Schnee schaufle, ein Buch in die Hand nehme oder jemandem die Tür offenhalte, sagt viel darüber aus, wie achtsam ich im Moment lebe. Diese kleinen Verrichtungen im Alltag sind denn auch ein wichtiges Feld der Einübung. Unzählige Male am Tag haben wir Gelegenheit, etwas lieblos und auf die Schnelle zu erledigen oder achtsam zu tun, voll Zuwendung und Liebe.

DER INNERE RAUM

Die Sinne verbinden mit der Außenwelt.
Durch sie kann ich mich ausdrücken und verständlich machen. Ich kann sagen, schreiben, malen und in Gesten mitteilen, was mich beschäftigt. So gelange ich nach »draußen«.
Und dann gibt es den umgekehrten Weg. Was ich wahrnehme, fließt in mich hinein. Wenn ich diesen Vorgang im Gespräch (oder in einem Vortrag) beschreiben will, nehme ich wie selbstverständlich die Hände zu Hilfe – und zögere jedes Mal, weil ich nicht recht lokalisieren kann, wohin es fließt. Ist es das Herz, der Bauch, der Kopf? Ich möchte es auch gar nicht immer so genau wissen. Aber den Sinn für den Raum in mir drinnen möchte ich gut ausbilden. Dabei hilft mir die Vorstellung vom Zimmer oder von der Klosterzelle, in die ich mich zurückziehen kann. Nicht immer ist die äußere Situation so, dass ich weggehen kann. Aber der Rückzug in meine innere Zelle ist fast immer möglich. Ich kann diesen Innenraum weit machen und mit Licht und Luft durchfluten lassen – durch verlangsamtes und vertieftes Atmen.
Franz Kafka hat diesen inneren Raum auf besondere, humorvolle Weise beschrieben:
»Jeder Mensch trägt ein Zimmer in sich. Diese Tatsache kann man sogar durch das Gehör nachprüfen. Wenn einer schnell geht und man hinhorcht, etwa in der Nacht, wenn alles ringsherum still ist, so hört man zum Beispiel das Scheppern eines nicht genug befestigten Wandspiegels« (in: Die acht Oktavhefte).

DER ZUGÄNGLICHE

An der Bushaltestelle warte ich auf die nächste Möglichkeit, nach Hause zu fahren. Zufällig trifft mein Blick auf einen älteren Mann, der ebenfalls wartet. Er hat eine große Ausstrahlung. Auf seinem Gesicht lese ich Güte, Lebensfreude.

Offenbar hat er mich auch wahrgenommen. Er steht auf, schlendert ganz locker an mich heran und fragt, ob ich Sorgen hätte. Mein Gesicht spreche davon. Obwohl ich ja darauf gewartet habe, mit dem Mann in Kontakt zu kommen, reagiere ich etwas unwillig. Das ist doch sehr direkt gefragt.

Ich antworte ausweichend und rede vom anstrengenden Tag, den ich eben hatte. Das verstehe er gut, sagt er. Er schaut mir ruhig in die Augen und hört mir zu. Ich halte es nicht sehr lange aus, seinen Blick zu erwidern, und schaue auf die Uhr.

Aber während wir weiterreden, kommt eine tiefe Beruhigung und Zufriedenheit in mich. Es ist wie ein Strom von Güte und Zärtlichkeit, der zu mir herüberfließt. Du sollst nicht traurig sein und dich niederdrücken lassen, sagt dieses Gefühl, es gibt einen Weg für dich. Bleib dir treu, dann geht es.

Der Bus ist weg. Der Mann nimmt mich bei der Hand, ich fühle die Wärme der Berührung. Er lädt mich zu einer Tasse Kaffee ein. Wir bleiben lange sitzen, sprechen ganz wenig, aber sagen einander sehr viel. Es ist sehr selten, dass mich ein Mensch mit seiner Art des Zuhörens so offen und weich macht. Soviel Vertrauen steht im Raum. Ein ganz und gar herzlicher Mensch ist er, ja, das ist er. Herzlich und zugänglich. Was er im Herzen denkt und fühlt, findet unverstellt den Weg zum andern. Was ich sage, in Wort und Ausdruck, kommt bei ihm durch bis zur Mitte, wo Stärke und Wärme ist. Diese Zugänglichkeit macht sein Wesen aus.

Ich hatte schon längst geglaubt, solche Begegnungen gebe es nur in Büchern.

DAS HERZ

Wer heute das Wort »Herz« braucht, muss es in Anführungsstrichen schreiben, so sehr ist es verkitscht worden oder er muss es neu füllen. Dazu weist Antoine de Saint Exupéry die Spur: »Man sieht nur mit dem Herzen gut, das Wesentliche ist für die Augen unsichtbar.«

Es gibt also eine Wahrnehmung des Lebens vom Herzen aus, ein Bewusstmachen des Lebens aus der Mitte. Um diese Wahrnehmung zu skizzieren, dient mir ein Bild aus der Technik: die Antenne.

In jedem Menschen gibt es eine »Antennen-Anlage« für die Wirklichkeit, die an der Grenze oder jenseits des sinnlich Wahrnehmbaren liegt. Im Einzelnen könnte man die Antennen so benennen:

- Die Antenne für das Einmalige und Unwiederholbare eines Augenblicks: Ich spüre, was jetzt geschieht, hat Bedeutung und Wirkung über den Moment hinaus. Es hat in der Geschichte eines Menschen, einer Gruppe, eines Volkes einen ganz bestimmten Stellenwert.
- Eine andere Antenne registriert Religiöses im umfassendsten Sinn: Was jetzt passiert, »geht mich unbedingt an« (Paul Tillich); es hat mit dem Sinn des Lebens zu tun.
- Tief in vielen Menschen sitzt ein Gespür für Bewegung, Veränderung, Lernen: Ich registriere, was langsam und leise wächst wie bei einer Pflanze. Manchmal ist es ein kräftiger Schub, manchmal eine kaum merkliche Vibration. Dieses Wachsen kann eine ganz bestimmte Form bekommen durch die Spannung von Noch-nicht und Schon-da: Eine Idee, eine Entscheidung, ein Plan ist sozusagen im Zustand der Schwangerschaft und will eines Tages Hand und Fuß bekommen.

- Ferner gibt es eine Antenne für An-Ordnung und Zu-Ordnung: Einzel-Wahrnehmungen kann ich miteinander in Beziehung setzen. Gefühl und Verstand sind auf der Suche nach Rhythmus, Struktur, Konstellation. Manchmal ist es nur ein ganz vorläufiges, loses Ordnen, das Grundmuster bleibt noch aus. Diese Antenne ist wirksam im Alltag, etwa beim Wohnen, Schmücken oder Spielen, wie bei der Suche nach dem großen Lebensmuster.
- Eine andere Antenne heißt Gespür für Nähe und Distanz, für Verwandtes und Fremdes: Etwas zieht mich an oder stößt mich ab; oder es hält mich in Spannung. Das gilt für Menschen und Dinge, für Milieus und Atmosphären, für Völker und Länder, für Zeiten und Epochen. Ob diese Antenne »funktioniert« oder nicht, ist entscheidend für jeden Lebensweg. Bleibe ich immer nur bei Verwandtem oder wage ich mich an Fremdes?
- Große Bedeutung in unserer Zeit hat die Antenne für alles, was nicht kaufbar und leistbar ist: Wichtiges im Leben wird mir geschenkt, etwa Zuneigung, Freundschaft. Glücksmomente.
  Im gleichen Atemzug ist die Antenne für das echt Leistbare zu nennen. Sie hängt zusammen mit Einsicht in menschliche Fähigkeiten und Möglichkeiten.
- Dann gibt es eine Antenne für Spaßiges und Humoriges, für Spielerisches und Lächerliches, für Tragisches und Komisches: Ich habe ein Organ für das, was mich in einer Situation lachen und lächeln lässt. Das nimmt dem Leben oft den sturen Ernst, es entspannt und macht neue Kräfte frei.

- Eine Antenne erkennt das Hintergründige oder Vielschichtige im Leben, bis an die Grenze zum Geheimnishaften und Unsagbaren: Ich erkenne Fragen, die keine Antwort bekommen. Oder Fassaden, die bald einstürzen.
- Schließlich wäre die Antenne für »alte Stoffe« in uns zu nennen. Die Antenne für Ererbtes und Überliefertes, für Archetypisches und Zeitloses, für Wiederholung und Kontinuität: Ich spüre, mit dieser Erfahrung bin ich nicht allein. Menschen vor mir und nach mir gehen diesen Weg, den Weg des Menschen zwischen Geburt und Tod. – Dazu gehört auch das Gespür für die Spannung zwischen alt und neu, zwischen Tradition und Fortschritt.

Die Benennung dieser Antennen folgt keiner bestimmten Logik und will auch nicht vollständig sein. Es gibt viele Varianten und Kombinationen. Dazu kommt etwas ganz Wichtiges. Die Wirksamkeit dieser Antennen ist in den meisten Fällen eine gemeinsame, die wir eben mit »Herz« bezeichnen können. In der Mitte des Menschen lebt ein Organ für eine solche ganzheitliche Wahrnehmung, für den »innern Klang« (Kandinsky) des Lebens.
Diese Art der Wahrnehmung spielt nicht von selbst. Man muss etwas dafür tun. Das Herz kann hart werden, die Antennen können einrosten. Oder man vergisst und verlernt das Ausrichten und Einstellen.

HEIDELBEERKUCHEN

Januar im Engadin. Auf einem Spaziergang auf dem zugefrorenen Silser See. Strahlender Sonnenschein im Schnee, rechts und links die mächtigen Berge und ein starkes, helles Licht über allem. Es sind wenige Wanderer unterwegs, um mich herum eine große, weiße Weite, vor mir in weiter Ferne das östliche Ufer. Ich setze Schritt für Schritt auf die dicke Eisschicht, die mich trägt. Eine gestampfte Spur ist vorgegeben, ich folge ihr willig.

In mir trotz aller Schönheit ein Herz voller Unlust und Fragen. Ich bin hierher gekommen, um eine Arbeit zu Ende zu bringen. Es gelingt mir nicht. Auf dem Rückweg in meine Pension folge ich einer spontanen Idee und trete ins Wirtshaus – ein wunderbarer Heidelbeerkuchen steht auf dem Tisch mitten in der Gaststube. Ich lasse mir ein Stück bringen, dazu eine Tasse Kaffee. Die Wirtin scheint gerne Gäste zu haben. Sie bringt mir das Gewünschte mit einem freundlichen Wort. Wie ich den ersten Bissen des Kuchens auf der Zunge habe, überkommt mich mit einem Mal eine Liebe zum Leben, dass ich singen möchte. Mitten im Winter darf ich genießen, was im Sommer gereift ist und was eine Köchin köstlich zubereitet hat.

Die Freundlichkeit eines Menschen, die Wärme der Gaststube, ein Stück vom köstlichen Heidelbeerkuchen und eine Tasse Kaffee bringen mich zurück in meine Mitte, aus der ich leben möchte. Die Freude sitzt als Gast mit mir am Tisch. Ein Geschenk des Himmels.

DIE GEIGE DES HERRN CHRISTEN

Zur Entspannungsübung erscheint auch der etwa 70jährige Mann mit schlohweißem Haar, der mir schon bei der Begrüßung, ganz zu Beginn des Meditationskurses, auffiel. Er ist groß gewachsen, hat eine braune Lederhaut, er wird sich viel im Freien aufhalten, der Sonne und dem Wind ausgesetzt. Wahrscheinlich arbeitet er mit den Händen, denke ich, als mein Blick auf seine breiten Schaufelhände trifft. Vielleicht ist er Bauer.

Nun steht er vor mir im neuen Trainingsanzug und wartet auf meine Anweisungen zur Entspannungsübung. Es ist die erste Übung, und man darf mit Überraschungen rechnen. Nach einem ausgedehnten Lockerungsprogramm bitte ich die Teilnehmer, sich auf der Wolldecke auszustrecken, mit dem Rücken zum Boden. Ich möchte jetzt mit ihnen den ganzen Körper, Glied für Glied, entspannen. Ich beginne mit dem Spüren der Auflageflächen am Kopf, bei den Schultern und Hüften, bei den Beinen und Armen. Ich blicke in die Runde, um mich zu vergewissern, dass alle richtig liegen, denn davon hängt der Erfolg der ganzen Übung ab.

Beim weißhaarigen Mann bleibe ich hängen. Er versucht krampfhaft, seinen Körper so zu betten, dass er an den genannten Stellen aufliegt. Aber es gelingt ihm nicht. Ich sehe, dass seine Beine etwas krumm daliegen, und auch die normale Wirbelsäulenbiegung im Kreuz ist viel zu groß.

Ich denke mir, dass der Mann ein Leben lang gleiche Bewegungen, gleiche Arbeitsabläufe ausführte, die seinen Körper so werden ließen. Ob ich da mit diesen Übungen bei ihm richtig liege? Braucht er sie überhaupt? Wenn er wirklich Bauer war – und dessen bin ich mir jetzt ziemlich sicher –, dann hat er wohl Entspannung und Meditation nicht nötig. Ich habe ein ungutes Gefühl. Wie kommt der Mann überhaupt in diesen Kurs?

Nach der Übung beim Frühstück setze ich mich neben den Weißhaarigen. Er heißt Christen und ist tatsächlich im hintersten Entlebuch Bauer gewesen. Den Hof hat er jetzt seinem Sohn übergeben. Aber solange es geht, will er mithelfen, ohne dreinzureden, wie er mit Nachdruck sagt. Es scheint ihm zu gelingen. Den Kontakt mit den Tieren, mit dem Acker und das Mitgehen mit den Jahreszeiten brauche er einfach. Seine Frau habe ihn zu diesem Kurs geschleppt. Jetzt habe er ja Zeit dazu. Früher wäre das nicht möglich gewesen.
Ich will mich entschuldigen für die Übung von vorhin, das sei vielleicht nicht ganz das Richtige für ihn. Jaja, er habe etwas Mühe gehabt. Aber er komme trotzdem wieder, mit der Zeit kriege er das schon hin. Man müsse halt Geduld haben, auch mit sich selbst.
Gegen Ende des Frühstücks fragt Herr Christen ganz schüchtern, wie das gemeint sei mit den Musikinstrumenten. Ich hätte auf den Kursprospekt geschrieben, man solle ein Instrument mitnehmen, wenn man eins besitze. »Wissen Sie, ich habe meine Geige mitgenommen. Ich spiele zwar keinen Mozart, aber auf unserm Hof habe ich am Sonntagnachmittag oft zum Tanz aufgespielt«, sagt Herr Christen und seine Augen leuchten. Ich bin überrascht und erfreut. Ich schlage vor, dass wir über die Mittagspause miteinander spielen, er Geige und ich Gitarre, vielleicht gebe das etwas ganz Lustiges und Frohes.

Nach dem Mittagessen sehen wir uns wieder, im Keller des Hauses. Und ganz schnell gelingt es uns, die gleiche Tonart zu finden. Wir spielen ohne Noten eine Tanzweise nach der andern. Es ist herrlich, dem Mann beim Spielen zuzuschauen. Er ist ganz eins mit dem Instrument. Die Melodien scheinen tief aus ihm herauszukommen. Da gibt es nichts abzulesen, nur aufs Klingenlassen, was schon da ist, kommt es an. Herr Christen zieht mich in diese inwendige Freude hinein. Wir beide spüren nach einer Stunde eine tiefe, friedliche und freudige Entspannung. Und dass uns etwas sehr Tiefes verbindet, ohne dass wir dafür einen Namen haben.
Mir wird dann ganz plötzlich klar, dass dieser Mann wirklich keine Entspannungsübung und keinen Meditationskurs nötig hat. Das Musizieren ist seine ihm gemäße Form der Meditation. Da ist er ganz nahe bei sich selbst und, wenn er zum Tanz aufspielt, auch ganz nahe bei seinen Mitmenschen, denen er durchs Musizieren Freude machen will. Ist das nicht sehr viel? Ganz da sein bei sich selbst und bei den andern, darauf kommt es wohl an. Ich muss zu ihm in die Lehre gehen, nicht er zu mir!

Es macht mir Mühe, den Kurs weiterzuführen. Meine Vorträge kommen mir künstlich, schal und lebensfremd vor. Je mehr mir Herr Christen aus seinem Leben erzählt, umso klarer wird mir, dass unsere Kurse nur nötig sind, weil viele von uns in ungesunder Umgebung leben und seelisch verkümmern. Kurse sind vielleicht eine Art Erste-Hilfe-Maßnahme. Aber ändern müsste man die Lebensbedingungen und die Einstellung zum Leben, zum Fortschritt, der vielleicht ein Rückschritt ist, zur Kultur des Alltags, der zwischenmenschlichen Beziehungen ... Medi-

tationskurse haben ihr Ziel erreicht, wenn sie überflüssig werden.
Am Abend lade ich alle Teilnehmer zu einem Tanzabend ein. Herr Christen und ich spielen auf. Es wird ein selten herzlicher und fröhlicher Abend. Einige spüren, dass hier ein Mensch die Melodie seines Lebens zum Klingen bringt. Und das ist mehr als jedes Kursziel. Wo das Leben festlich wird, ist Meditation selbstverständlich.

TRAG SORGE ZU DEINER SEELENKRAFT!

Seelenkraft ... Was kann mit diesem Wort gemeint sein? Unter Seele verstehen viele ein kompliziertes Gefüge von Gefühlen, Träumen, Trieben und Sehnsüchten. Mit Seelenkraft meine ich weniger die problemgeladene Seite unseres Innenlebens als vielmehr eine fast kindliche Lebensenergie aus Urvertrauen und einer gesunden Portion Neugierde. Seelenkraft ist demnach wie eine Quelle, ein Brunnen, in dem starke und intensive Lebenserfahrungen, Bilder und Geschichten, Gedichte und Gebete, Lieder und Sinnsprüche gespeichert sind. Sie stehen mir zur weiteren Lebenserkundung und Lebensbewältigung zur Verfügung.
Ich stelle mir vor, dass es mit dem seelischen Leben ähnlich ist wie mit dem körperlichen: So wie ich in den Muskeln und Sehnen Kraft zum Stehen und Gehen und Tragen zur Verfügung habe, so kann meine Seelenkraft mich befähigen, das Leben durch Hoch und Tief hindurch zu bestehen, bis an eine Grenze. Aber der Ausdruck »zur Verfügung sein« ist für Leib und Seele nur bedingt richtig. Beide brauchen Pflege und Übung und Nahrung. Seelenkraft ist nicht vorhanden ein für allemal. Man muss zur Seele gut sein, ihr Aufmerksamkeit schenken und sie in Lebensräume führen, in denen sie sich kräftigt.

Ich weiß, dass es nicht leicht ist zu sagen, was anderen Menschen seelisch gut tut. Manchmal weiß ich es ja nicht einmal für mich selber, und manchmal lässt es sich auch nicht im Voraus sagen ... Aber dass wir uns die Frage stellen und dabei manche Lebensstil-Gewohnheiten kritisch betrachten, halte ich für wichtig.

Ein Gedanke wurde mir immer stärker zur Gewissheit: Unsere Seele lechzt nach ursprünglichen und einfachen Erfahrungen. Aber das Außergewöhnliche, das Exotische in allen Schattierungen verführt uns, der Markt ist ja auch riesig. Vor lauter Angebot vernachlässigen wir das Naheliegende. Es scheint, als ob nur jene Erfahrungen zählten, die uns raffiniert vermittelt werden. Eine ganze Unterhaltungsindustrie hat es darauf abgesehen, uns zu gängeln. Dabei wüssten wir genau, was uns im Innersten gut tut:

- Wir möchten die Elemente Wasser, Feuer, Luft und Erde mit allen Sinnen wahrnehmen – das Lagerfeuer aus dem Fernsehkasten wärmt nicht.
- Wir möchten, wenigstens von Zeit zu Zeit, mit Leib und Seele dabei sein, wenn Musik an Ort und Stelle entsteht durch Menschen – und nicht nur »Konserven-Musik« anhören.
- Wir möchten uns selbst bewegen, uns anstrengen und müde werden bei Spiel und Sport – und nicht nur vom Fauteuil aus verfolgen, wie sich andere abmühen.
- Wir möchten selbst aufbrechen und eine Reise unternehmen (vielleicht »nur« ins Appenzellerland und nicht auf die Malediven) – und nicht nur in schönen Journalen nachlesen, wo sich die großen Stars des Jet-Set bewegen.

Die Massenmedien haben einen rechten Teil unseres Lebens in Beschlag genommen. Achtsamkeit ist vonnöten, wenn wir nicht langsam aber sicher in ein vermitteltes »Leben aus zweiter Hand« rutschen wollen.
Andererseits habe ich recht viel Vertrauen, dass das Gespür für das, was uns nährt und gut tut, stärker ist als so man-

che moderne Lebensgewohnheit. Wenn ich davon rede, dass die Seele erstarken und darum »Nahrung« bekommen soll, dann geht es mir nicht um ein Mitschwimmen in einer modischen Innerlichkeitswelle, die ich zwar als Gegenbewegung gut verstehen kann. Ich staune auch oft, was für gescheit und neu tönende Begriffe gefunden werden für ganz einfache und uralte Erfahrungen. Ich denke an die Heilkraft des Schauens und der Stille. Seit jeher wussten die Menschen, wie gut es tut, sich der Stille auszusetzen. Es kann genügen, sich vors Haus zu setzen, übers Tal zu schauen und die freie Zeit zu genießen.
Aber neben der Stille und der Meditation braucht unsere Seele das Engagement und den Kampf. Wer sich mit allen Kräften einsetzt für ein Anliegen, von dem er überzeugt ist, der kann in der Tat seelisch erstarken, und er wird belastbar, in der besten Bedeutung des Wortes. Jammern über die böse Welt und sich zurückziehen, da man ja ohnehin nichts ändern könne, das lähmt und lässt die seelische Energie verdunsten. Wer sich herausfordern lässt, der bleibt lebendig und weckt die kreativen Kräfte in sich. Wir haben dringend Leitbilder von Menschen und Gemeinschaften nötig, die »Kampf und Kontemplation« (Roger Schutz) leben.

BRUDER KONRAD

Die Studenten hatten das Haus gewählt, weil es billiger war als die meisten Hotels. Und irgendjemand wusste von einer Tante, dass es in ruhiger Abgeschiedenheit lag, eine günstige Voraussetzung für das Seminar. Dass das Haus von Franziskanern geleitet wird und eine Kapelle besitzt, störte die Studenten bei ihrem Entscheid nicht. Man hatte ihnen zwei kleine Säle und die Benützung der Einrichtungen zugesichert, das genügte.

Die Erwartungen wurden auch erfüllt. Das Seminar läuft gut, man fühlt sich wohl. Besonders die gemütliche Kneipe im Keller des Hauses wirkt anziehend. Da sitzt man am Abend beim Wein und genießt die lockere, gesellige Stimmung. Hier in der Kneipe kann man auch allabendlich Bruder Konrad treffen, den Leiter des Hauses. Er hat eine geschickte Art, mit sehr verschiedenen Leuten in Kontakt zu kommen. Die braune Kutte ist da kein Hindernis, im Gegenteil, sie wirkt in diesem Haus auf eigenartige Weise familiär, schafft Gesprächsbereitschaft.

Die Studenten möchten mehr über Entstehung und Zweck des Hauses wissen. Bereitwillig gibt Bruder Konrad Auskunft und kommt schnell ins Erzählen. Es ist auch in der Tat eine Geschichte von fast kriminalistischer Spannung, wenn er erzählt, wie die Idee zum Haus wuchs, wie das Grundstück und das Geld für den Kauf gefunden wurden. Bruder Konrad war über Jahre der einzige, der voll und ganz an die Idee von diesem »Kloster mitten in der Welt«, von einem offenen Begegnungszentrum im Geist des Franz von Assisi also, glaubte. Gegen alle Widerstände hat er es

durchgekämpft. Nun steht es und ist wahrhaftig ein Ort der Begegnung und des Gesprächs geworden.
Es wird jedes Mal fast andächtig, wenn Bruder Konrad erzählt. Wenn es dann gegen Mitternacht geht, wird der Spieß umgedreht. Bruder Konrad will etwas von den Studenten erfahren, möchte wissen, womit sie sich in diesem Seminar befassen. Wer weiß, vielleicht ergibt sich ein Gespräch über Glaubensfragen. Das liegt ihm nämlich sehr am Herzen. Und er ist in solchen Gesprächen sehr feinfühlig. Er missioniert nie, will nur zum Denken anregen. Und zu gewissen Zeiten ist man versucht zu sagen, die folgenreichsten Glaubenserfahrungen haben nicht in der Hauskapelle ihren Ursprung, sondern in der Kneipe im Keller.

»Alltagsrituale«, das sei ihr Seminarthema, sagen die Ethnologiestudenten. Der Bruder kann sich nicht viel darunter vorstellen. Ritus, das kennt er von der Liturgie. So sagt er wie beiläufig, um das Gespräch in Gang zu halten, sein Tagesritual beginne meistens mit der heiligen Messe. Darauf schweigen die Studenten. Religiöses kommt in ihrem Seminar nicht vor. Da meint ein Student, das sei für sie etwas Neues, das interessiere sie. Ob sie nicht einmal dabei sein könnten? Der Bruder weiß nicht so recht, wie er darauf reagieren soll. Das wäre vielleicht eine Chance. Andererseits: Darf man das tun? Er überlegt hin und her und meint schließlich, er werde in den nächsten Tagen einmal für sie allein eine Messe feiern, ohne die übrige Hausgemeinschaft. Man ist mit dem Vorschlag einverstanden.

Eine Stunde vor dem Mittagessen versammeln sich die Studenten mit ihrem Professor in der Kapelle. Man hat das Programm umgestellt und diesen Gottesdienst als eine Art

Seminarübung »im Feld« ins Programm aufgenommen. Wenn man schon so günstig dazukommt.
Bruder Konrad seinerseits hat sich in der Zwischenzeit vieles überlegt. Es ist für ihn jetzt klar, dass er die Chance, junge Menschen zu Gott zu führen, wahrnehmen muss. Und er will dafür sein Letztes geben.

Der Gottesdienst beginnt mit einfachen, persönlichen Worten. Bald entsteht eine ruhige, besinnliche Atmosphäre. Und je weiter er fortschreitet, umso tiefer aus der Seele heraus kommen die Worte. Die Stimme zittert. Tiefe Glaubensüberzeugung ist am Blick, am ganzen körperlichen Ausdruck abzulesen. Ganz veräußert, ganz »nackt« steht er da. Allein macht Bruder Konrad das Kreuzzeichen. Allein betet er das Vaterunser. Als einziger isst er das heilige Brot.
Die Studenten sitzen da, reglos. Wie aus Stein. Bis in der hintersten Bank, ganz am Rand, ein Mädchen leise zu weinen beginnt.

DIE SINNE

Achtsam leben heißt bewusst leben lernen. Es beginnt mit einer fast kindlichen Neuentdeckung der Sinne. Freudig wie ein Kind und doch in einer ganz anderen Bewusstseinslage darf ich erfahren, dass uns in den Sinnen kostbare und differenzierte »Instrumente« zur Verfügung stehen, um Welt und Leben aufzunehmen und zu erleben. Ja, es ist eine Neuentdeckung. Wer sich daran macht, ein kleines Stück Welt, den Arbeitsweg oder das längst vertraute Wohnhaus etwa, mit möglichst allen Sinnen in sich aufzunehmen, merkt, wie vieles er noch nie bewusst wahrgenommen hat oder nicht mehr wahrnimmt. Die Wahrnehmung mit den Sinnen ist nie am Ende:

- Da sind die *unterentwickelten Sinne*. Auge und Ohr sind ja heute recht gut trainiert, wenigstens was die Aufnahmekapazität betrifft. Aber dass die Welt immer auch eine schmeckbare, riechbare und berührbare ist, merken wir oft erst in »krassen« Fällen. Viel Sensibilität in Zunge, Nase und Haut verkümmert oder wird gar nie erprobt. Ich erinnere mich an einen Mann, der bei einem Kurs nach dem Durchlaufen eines Tastparcours für die Füße voll Entsetzen und Begeisterung ausrief: »Musste ich 50jährig werden, um zu entdecken, dass ich in meinen Füßen alles bereit habe für ein ganz erquickliches Fest?«
- Ein Blinder, der meine Stimme nach einmaligem Hören ein Jahr später auf Anhieb wiedererkennt, lehrt mich, dass der Mensch in jedem Sinn die Fähigkeit besitzt, ganz feine Nuancen wahrzunehmen; vorausgesetzt, er geht sorgsam mit den Sinnen um und bildet sie aus. Der Gesunde müsste darum viel mehr Zeit und Energie da-

rauf verwenden, den Reichtum in seinen Sinnen zu entdecken und zu entfalten. Dafür gibt es viele Anregungen aus der Wahrnehmungspsychologie und – aus dem Material für die Vorschulerziehung. Eigentlich braucht es dazu kein Lehrbuch und keinen Kurs, nur den festen Willen, auf Entdeckungsfahrt zu gehen und zu lernen – mitten im Alltag. Wenn wir von sinnlicher Wahrnehmung sprechen, dann denken wir an die fünf Sinne: Sehen, Hören, Riechen, Schmecken, Tasten.

Ich finde es hilfreich, wenn man in diesem Zusammenhang weitere »Sinnesorgane« oder Spezialfälle sinnlicher Wahrnehmungen erwähnt.
Zu den Sinnesorganen im weiteren Sinn zähle ich:

- Den *Sinn für das Räumliche*. Immer stehe ich mit meinem Körper in einem bestimmten Verhältnis zur räumlichen Umwelt, auch dann, wenn ich mich nicht in einem Raum im engen Sinn aufhalte. Auch ein Baum, eine Landschaft, ein Platz geben ein Raumgefühl. Ob ich mich an einem Ort frei, geborgen, eingeengt oder verloren fühle, hängt zuerst von dieser räumlichen Wahrnehmung ab.
- Das *Wohnen*. Zum Empfinden für das Räumliche kommt der Sinn für Atmosphäre und Harmonie. Im Zusammenspiel von verschiedenen Elementen wird ein Zimmer oder eine Gasse wohnlich. Ob die Materialien aus Kunststoff oder aus natürlichen Stoffen sind, ob die Maße miteinander »spielen«, ob freie Bewegungsmöglichkeiten bestehen oder das Verhalten vorprogrammiert ist durch

eine bestimmte Anordnung der Möbel, all dies gehört zum Wahrnehmen-lernen mit dem »Wohnorgan«.

- Das *Empfinden für Temperatur*, für Kälte und Wärme in allen möglichen Abstufungen, für Witterungseinflüsse jeder Art. Der Körper reagiert nicht an allen Stellen gleich. Wenn ich diese Unterschiede kennenlerne, kann ich mich einrichten und Wohlbefinden, wenigstens von dieser Seite, »organisieren«. Als Spezialfall würde ich das »Organ für die Jahreszeiten« nennen.
- Das *Atmen*. Der Atem ist der beste Kamerad, sagt ein indisches Sprichwort. Durch ihn stehe ich in beständigem Kontakt mit der lebenswichtigen Luft. Es ist nicht gleichgültig, was für eine Luft und wie ich einatme. Auch hier gibt es ein Bewusstmachen eines alltäglichen Lebensvollzuges. Lebensgestaltung beginnt beim Atmen. Nervosität und Ruhe übersetzen sich sehr schnell in die Art des Atmens. Umgekehrt bietet mir ein ruhiges Ein- und Ausatmen die Möglichkeit, ganzheitlich zur Ruhe und zur Mitte zu finden.
- Das *Essen*. Ich empfinde das Essen als eine Art Höhepunkt sinnlicher Wahrnehmung. Es ist zwar, ähnlich wie das Wohnen, die Summe aller Wahrnehmungsmöglichkeiten mit Augen und Nase und Zunge. Aber im Zusammenspiel ergibt sich noch eine neue Qualität. Das Essen, der Raum, das Gespräch, die Verdauung wirken zusammen und machen die Erfahrung einer Mahlzeit aus. Bewusster Essen ist nicht nur eine kluge Gesundheitsvorsorge, sondern ein Weg zu mehr Menschlichkeit und Sinnfindung überhaupt.

Wer diese Sinnesorgane im weiteren Sinn in seine Lebensgestaltung mit einbezieht, ist auf dem besten Weg zum

Lebenskünstler. Er schöpft aus, was er für Möglichkeiten der Begegnung mit dem Leben hat. Die verfeinerte Wahrnehmung durch die Sinne hat nicht nur den Zweck, mehr Information über Welt und Leben zu bekommen. Sinnliche Wahrnehmung zielt schon im Ansatz weiter, verweist auf einen größeren Zusammenhang. Ich möchte das Wahrgenommene einordnen können, indem ich den Schritt von den Sinnen zum Sinn wage.

EIN FRIEDLICHER MORGEN

Ein friedlicher Morgen. Noch schlafen die meisten Menschen im Dorf. Noch ist es dunkel und still draußen. Kaum ein Haus mit beleuchteten Fenstern. Hie und da hört man den Lärm eines abfahrenden Autos.

Ich habe mir Kaffee gemacht und sitze nun an meinem Bürotisch. Vor mir das Buch mit der Morgenlektüre. Aber bevor ich mit Lesen beginne, genieße ich diesen friedlichen Augenblick. Noch ist nicht die Zeit zu reden und zu handeln. Noch ist der Tag ein still stehendes Rad. Noch bin ich nicht in den Beschäftigungen und Anforderungen des Tages. Ich hole Kraft in der Ruhe des Augenblicks. Ein hellroter Wölkchenhimmel hebt sich schwach von den schneeweißen Vorarlberger Alpen ab. In einer halben Stunde wird es hell sein. Noch bietet der kleine Rest von Nacht Schonzeit, die ich genieße.

Es geschieht nichts Besonderes in dieser Morgenstille. Ich sitze da, sammle mich, lasse den Atem in die Mitte fließen und spüre: Das bin ich. Heute morgen. Nach dieser Nacht. Mit der Lebenskraft, die mir heute zur Verfügung steht. Langsam stelle ich mich danach auf die Pflichten dieses Tages ein.
Jeder Tag ist neu, und neben den vorgegebenen Aufgaben gibt es Freiräume, die ich nach eigenem Gutdünken gestalten darf. Ich bin mir bewusst, dass jeder Tag ein Geschenk ist und Chancen in sich birgt, auch Überraschungen. Ich möchte mir ein Stück kindlicher Neugier bewahren. Vielleicht geschieht gerade heute etwas Ungewöhnliches.

In dieser Morgenstille, zwischen sechs und sieben Uhr, verbinde ich mich geistig mit allen, denen die Stille auch wichtig ist. Ich meine, eine Kraft zu spüren, die aus dieser Verbindung kommt. Ich weiß natürlich, dass nicht alle den Morgen in der Stille genießen können. Andere finden in den Abendstunden oder gar in der Nacht am besten Zugang zur Stille.

FRANZISKUS IM MEDITATIONSKURS

Ich stelle mir vor, Franz von Assisi hätte sich zu unserer Meditationswoche angemeldet und säße beim ersten Vortrag unter den Teilnehmern. Käme er zu den Entspannungs- und Sitzübungen? – Franziskus als Zenmeister? Das kann ich mir schon gar nicht vorstellen.

Franziskus nähme uns sicher mit auf seine Spaziergänge in der Natur. Er würde uns die Schönheiten der Schöpfung zeigen und das Loben und Preisen lehren, das uns ja heute ohnehin schwerfällt. Vielleicht nähme er zwei Holzscheite in die Hände und spielte Geige, um seine inwendige Lebensmelodie zum Klingen zu bringen. Oder er ginge mit uns hinunter ins Altersheim oder zu den Jungen, die im Einkaufszentrum herumlungern.

Ich kann mir Franz oder gar Jesus schlecht in einem gruppendynamischen Seminar vorstellen. Ich weiß nicht, woran es liegt, aber es wehrt sich etwas in mir gegen diese Vorstellung.

Beide Menschen hatten große heilende, heil und ganz machende Kräfte. Wer sich in ihrer Nähe aufhielt, spürte dies und ging gestärkt wieder nach Hause. Sicher erleben es heute viele, dass die Nähe eines Menschen krank machen kann. Aber wir erfahren weniger, dass die Nähe und die Ausstrahlung eines Mitmenschen gesund werden lässt. Wir lassen diese natürlichen Heilkräfte in uns eher verkümmern. Wir nehmen sie oft nicht wahr, weil uns das Organ dafür fehlt. Und weil wir das Gesundmachen eben den Fachleuten überlassen. Oder wir besuchen spezielle Kurse, konsumieren Medikamente und Therapeuten. Vielleicht würde die Nähe eines Menschen genügen ... Siehe Jesus. Siehe Franziskus.

DER LEHRER UND DIE KUH

Wir sitzen hoch oben im Bergell, in der gemütlichen Arvenstube unserer Gastgeber. Geschichte und Eigenart dieses herrlichen Tales im südlichen Graubünden sind das Thema unseres Gesprächs. Wir erfahren vieles vom Leben in dieser abgelegenen Ecke der Schweiz aus der ganz persönlichen Sicht der beiden betagten Menschen, die seit Jahrzehnten hier wohnen. Der Mann möchte eigentlich schon längst aufschreiben, was er hier als Tierarzt erlebt hat und wie er sich für die Zukunft des Tales eingesetzt hat. Jahrelang und in mühsamen kleinen Schritten hat er für die Verbesserung der Lebensqualität gekämpft. Aber er mag jetzt nicht mehr dran denken. Der Einsatz sei ja im Rückblick eher ein Fiasko gewesen. Die Bauern zögen weg ins Unterland, und überhaupt ...

Ich sitze da und denke, es gäbe bestimmt vieles zu erzählen, was nicht so direkt mit der Entwicklung des Tales zu tun hat, dafür umso mehr mit den alltäglichen Erfahrungen der Menschen dieser Region. Wie leben sie miteinander? Wie leben sie in und mit und gegen die Natur?

Da beginnt fast unvermittelt die Frau des Hauses von einem Lehrer aus dem Nachbardorf zu erzählen. Er sei ein guter Mensch gewesen, zu den Kindern und zu den Tieren in gleicher Weise lieb. Im Stall habe er eine Kuh gehabt, die er mit viel Geschick und Aufmerksamkeit gepflegt habe. Im Sommer habe er sie auf die Alp gegeben. Sie sei ganz prächtig herangewachsen. Auf dem Herbstmarkt habe er sie dann gleich von der Alp weg verkauft. Ein Tierarzt aus der Gegend von Samedan habe die Kuh, die inzwischen trächtig geworden war, gekauft. Ein bisschen weh habe es dem Lehrer schon getan, als der die Kuh weggeben musste.

Wochen und Monate vergingen. Der Winter kam ins Tal. Eines Morgens sah der Lehrer vor seinem Stall Spuren im Schnee, die von einer Kuh stammen mussten. Kopfschüttelnd ging er in sein Haus zurück. Am Nachmittag, es war Sonntag, ging der Mann mit seiner Frau in der Umgebung des Dorfes spazieren. Da hörten die beiden in der Nähe eines Wäldchens eine unerwartetes Muh. Sie trauten ihren Ohren nicht und gingen näher heran. Wieder ertönte ein ungewohntes Muh-muh. Und in der Tat, da war eine Kuh. Nicht irgendeine Kuh, es war die Kuh des Lehrers. Und neben der Kuh lag ein neugeborenes Kälbchen. Die Kuh hatte im Schnee den langen Weg zurück – es sind über 20 Kilometer – gesucht, weil sie offenbar »zu Hause« gebären wollte. Da die Stalltüre verschlossen war, hatte sie im nahen Wald etwas Schutz gesucht.

Der Lehrer wollte die Kuh zurückkaufen. Aber der neue Besitzer hatte keinen Sinn für eine solche Gefühlsduselei, wie er meinte, und war damit nicht einverstanden. Die Kuh wurde jetzt besser bewacht. Sie war nämlich ausgerissen, als der Knecht die Tiere zur Tränke führte.

Die Frau hat ihre Erzählung beendet, im Raum ist eine dichte Stille. Die Geschichte rührt mich. Mehr noch, sie macht mich betroffen. Ich finde sie unglaublich schön und wahr. Ja, so weit kann es kommen, wenn einer mit Kindern und Tieren in gleicher Weise lieb ist. Was für eine tiefe, von Ehrfurcht geprägte Haltung gegenüber dem

Leben kommt da zum Ausdruck! Ganz gleich, ob einer Gärtner, Bauer oder Lehrer ist.

Aber die Leute würden mir diese Geschichte nicht glauben, wenn ich sie in einem Buch erzähle, meint der Hausherr. Vielleicht hat er recht. Die Zeit für solche Geschichten ist nicht günstig. Man würde wahrscheinlich einen Fachmann bemühen, der in gescheiten Worten erläutert, ob und unter welchen Umständen eine Kuh sich einen Weg von 20 Kilometern merken kann.

Und dabei käme es doch darauf an, von einem Menschen zu lernen, der mit Kindern und Kühen in gleicher Weise lieb sein kann.

PANE D'AMORE

In der Osteria des kleinen Dorfes im Centovalli kehrte ich gern ein. Man war willkommen, wurde mit einem freundlichen Wort begrüßt. Die Speisekarte war einfach. Pasta, polenta, coniglio, ein Stück Käse, ein Glas Merlot. Und als Spezialität ein hausgemachtes Brot, das pane d'amore.
Die Gäste rätselten gelegentlich, wie das würzige Brot zu diesem Namen gekommen sei. Ein Brot, mit Liebe gemacht, meinten einige. Andere dachten an ein Brot für Verliebte, angereichert mit besonderen Spezereien. Fragte man die Bedienung, erhielt man nur ausweichende Antwort.

Eines Abends, es waren wenige Gäste im Lokal, flüsterte mir die Kellnerin ins Ohr: »Jetzt können Sie die Nonna fragen wegen dem pane d'amore. Sie sitzt dort hinten. Der Moment ist günstig, sie ist am Erzählen von früher.«
Ich nahm allen Mut zusammen und stellte meine Frage.
»Eh, è una bella storia! Ich habe vier Töchter, jede anders, alle eigenwillig, un po' come la mamma«, und sie kichert dazu. »Als die Töchter ins heiratsfähige Alter kamen, machte ich mir natürlich Sorgen wie jede Mamma. Zum Glück brachten sie ihre jeweiligen Freunde nach Hause. Sie saßen bei uns am Tisch und aßen mit uns. So konnte ich sie »begutachten«. Und ich hielt mich mit meiner Meinung nicht zurück. Einige kamen einmal, und nie wieder. Andere kamen immer wieder, es wurde etwas Ernstes. Jedenfalls sind jetzt alle vier verheiratet, glücklich, wie es scheint.
Eines Tages, in der Zeit der wilden Bekanntschaften, machte ich eine interessante Beobachtung. Jene Freunde

meiner Töchter, die es ernst meinten, behandelten unser Hausbrot sorgfältig, wenn man das so sagen kann. Sie rühmten es und aßen es bedächtig und mit Genuss. Da schoss es mir blitzartig durch den Kopf: Wenn einer mit dem Brot achtsam umgeht, dann behandelt er auch meine Töchter entsprechend! Und ich habe recht bekommen. Alle vier Schwiegersöhne gehören in diese Kategorie und haben unserer Familie Glück gebracht. Seit dieser Erkenntnis nenne ich unser Hausbrot »pane d'amore«. Ecco, das ist die Geschichte!«

LEBENSRÄUME

Sommerferienzeit. Berichte über Touristenströme und Verkehrsstau. Hunderttausende fahren Richtung Süden, andere kommen zurück. Es ist offensichtlich, der Nomade in uns will zu seinem Recht kommen. Wahrscheinlich ist es die Spannung zwischen dem Wunsch nach Sesshaftigkeit und dem Weggehenwollen, die uns die Freude am eigenen Wohnraum so kostbar macht. Wir freuen uns ja nie so sehr an unserem Daheimsein, im eigenen Bett zum Beispiel, wie nach längerer Abwesenheit.
Was macht es aus, dass wir uns an bestimmten Orten auf dieser Welt wohl fühlen?

Meine Wohnung oder mein persönliches Zimmer ist der Ort auf dieser Welt, an dem ich ein Stück Welt nach meinem Geschmack einrichten kann. Es gibt zwar ein paar äußere Bedingungen, vor allem in Mietwohnungen, aber im Wesentlichen bin ich frei. Ich kann den leeren Raum füllen, wie ich will. Bilder, Gegenstände, Farben, Pflanzen, Teppiche und Möbel sind von mir ausgewählt. So komme ich beim Heimkommen wirklich bei mir an, meine vier Wände sind eine Art zweite Haut.

In meiner Wohnung bin ich erreichbar. Hier habe ich eine Adresse. Man kann mir dahin schreiben, telefonieren, kann mich aufsuchen und da zu Gast sein. Ich habe einige Freunde, die ein Jahr oder länger unterwegs waren. Vorher haben sie ihre Wohnung aufgelöst. Damit war auch ihre Adresse in meinem Büchlein ungültig, sie waren nicht erreichbar.

Es gibt neben dem privaten Wohnraum auch einen gemeinschaftlichen. Die meisten von uns sind ja im gemeinschaftlichen Wohnraum der Familie groß geworden. Dabei haben wir Wichtiges für das Zusammenleben gelernt.

Im weitesten Sinn gehören öffentliche Plätze, Straßen, Schulen und Kirchen auch zu unserem Wohnraum. Es ist nicht gleichgültig, wie dieser öffentliche Raum aussieht. Ist er auf Gemeinschaft hin angelegt, auf Begegnung? Oder verunmöglicht er sie? Wir haben Dorfplätze, Spielplätze, Parks und Begegnungsstätten nötig, mindestens so sehr wie Parkplätze. Wenn wir uns den öffentlichen Wohnraum wegnehmen oder nur nach Gesichtspunkten der Nützlichkeit gestalten lassen, dann dürfen wir nicht erstaunt sein, wenn auch der Sinn für Gemeinschaft abhanden kommt.
Damit man Weltbürger sein kann, brauche es eine tiefe Verwurzelung im Lokalen, das Daheim-sein in einem Haus, in einem Dorf. Das meint der berühmte Architekt Mario Botta. Nur wer etwas Dauerhaftes kenne, sei imstande weiterzugehen. Ein Mensch in einem mobilen Haus gehe in Wirklichkeit nicht weiter. Supermärkte seien die schlimmsten Räume. Man wisse nicht, wo Norden oder Süden sei, man wisse nie, ob man über oder unter der Erde sei. Auch Tag und Nacht seien in vielen solchen Häusern abgeschafft. Keine Sonne, kein Mond, kein Berg. Orientierungslosigkeit. Ohne Umgebung, in der wir uns orientieren und auf die wir uns beziehen können, verlieren wir den Verstand.

DES HIMMELS MURMELN

EFFATA
öffne dich
und berühre
mit nach innen
gefalteten Ohren
tief unter der
Taubschicht
berühre
in dir
des Himmels
Murmeln

Maria Biedrawa

Wenn mich jemand mit vielen Argumenten davon überzeugen will, dass ich eine göttliche Bestimmung, einen göttlichen Kern in mir habe, werde ich ungehalten. Ich möchte es ja gern glauben. Aber im Alltag ist wenig von dieser Göttlichkeit des Lebens zu sehen, weder bei mir noch bei andern. Zudem frage ich mich, ob man Gott über logische Argumente sozusagen erschließen kann.
Ganz anders ergeht es mir, wenn ich das obenstehende Gedicht von Maria Biedrawa lese. Da holt mich jemand in meinem Alltag ab, in meinem Bemühen, in meiner Sehnsucht nach bewussterem Leben: Öffne dich nicht nur nach außen, falte deine Ohren nach innen ... und dann, tief in dir drinnen, tut sich ein Raum auf, in dem du nicht Gott entgegentrittst, aber vielleicht be-greifst du etwas von ihm, die Murmeln des Himmels. Was für ein schönes Bild!

EINKLANG

Die Gewichte sind gut gesetzt,
Farben und Formen in der Balance,
Zusammenspiel.
Zusammenklang.

Die Gedanken haben ihren Platz gefunden,
sind im Zwiegespräch
und suchen den
Zusammenhang und eine Mitte.

Die Gefühle von Freude und von Wut
haben sich verzogen
und suchen ihren Platz.

Dazwischen
ist viel Raum, der atmen lässt,
hinein in eine blaue Tiefe,
die trägt.

Und in der Stille
ist ein Klang zu hören
leise –

»Einklang« heißt mein Bild.

MEIN KRAFTPLATZ

Nach einem besonders hektischen Tag, an dem viele Aufgaben und Ansprüche meinen ganzen Einsatz verlangten, zieht es mich am Abend mehr als sonst zu meinem Lieblingsplatz in der Wohnung. Er ist mein Kraftplatz im Haus. Hier beginne ich in der Stille des Morgens den Tag, und hierher kehre ich am Abend zurück.

Mein Kraftplatz besteht aus einer Sitzgelegenheit. Es ist kein besonders wertvoller Sessel mit allen Schikanen, sondern ein billiges Ding aus dem Kaufhaus. Es schaukelt ein bisschen, ich kann mich darin so richtig hängen lassen. Der Stuhl steht in der Küche, an einem Ort, wo ich mich gern aufhalte. Der mächtige Holztisch ist in der Nähe, auf dem eine schöne, große Kerze steht. An der Wand hängt ein Holzschnitt, auf dem man Noah erkennt, dem ein Rabe den Ölzweig bringt, das ersehnte Heilszeichen.

Mein Kraftplatz ist ein kleines Stück Welt, das ich so eingerichtet habe, dass es Herz und Sinnen gut tut. Zum Kraftplatz wird es vor allem durch seine Geschichte. An diesen Ort bin ich zurückgekehrt nach schwierigen Perioden im Beruf. Die ganze Sorge um die Zukunft konnte ich hier oft ablegen. Hier habe ich neu Mut gefasst. Nach wunderbaren Begegnungen in der Bildungsarbeit konnte ich an diesem Platz nach-fühlen, nach-denken und nachwirken lassen. Hier habe ich nächtelang auf Angehörige gewartet und gehofft, dass sie heil nach Hause kommen. Alle diese »Lebenserfahrungen« sind irgendwie konzentriert gegenwärtig, wenn ich da heute Abend meinen Tee trinke, bevor ich zu Bett gehe. Und das macht mir diesen

Ort zum Kraftplatz: Ich spüre, dass mir hier Kraft zum Leben zuwächst.

Wie finde ich meinen Kraftplatz? Ich hatte und habe noch immer Idealvorstellungen von Wohnräumen. Immer dann, wenn ich von einem Plan aus an die Umsetzung gehe, scheitert es. Ich vergesse, dass ich mich selbst, mit meinen »Lebensgewohnheiten« mitnehme – auch in neue, wunderschöne Räume. Mein Kraftplatz ist nicht das Ergebnis von Planung und Studium, er hat sich so ergeben. Ich wollte meinen ersten Kaffee am Morgen an einem angenehmen Ort einnehmen. Und ich wollte mir dabei Zeit zum bedächtigen Einstieg in den Tag nehmen. Im Ausprobieren hat es sich dann so ergeben, dass ich in der Küche bleiben wollte. Es ist aber nicht gesagt, dass ich bis zum Lebensende an diesem Platz bleibe. Lebensgewohnheiten können sich verändern. Wichtig ist, dass wir so etwas wie ein Wohnorgan entwickeln: ein Gespür für das, was uns in Räumen an Leib und Seele gut tut. Dann finden wir auch unseren Kraftplatz. Noch etwas ist wichtig, wenn wir von der Familie ausgehen. Vielleicht kommt der Punkt, da wir den übrigen Familienmitgliedern »offiziell« mitteilen müssen, dass wir jetzt unseren Kraftplatz gefunden haben. Und wir bitten darum, ihn zu respektieren. Ich möchte ihn nämlich nicht täglich neu einrichten müssen. Es macht diesen Platz so wertvoll, dass er mir immer zur Verfügung steht.

Man kann Orte innerhalb und außerhalb von Häusern so gestalten, dass die Erfahrung von Gemeinschaft und Zugehörigkeit leicht gemacht werden kann – oder eben nicht.

Ein runder Tisch, in einer Privatwohnung oder in einem Gasthaus, ist immer eine Einladung: Nimm Platz, du bist willkommen! Es gibt Bildungshäuser und Pfarreizentren, bei deren Einrichtung sorgfältig darauf geachtet wurde, dass gute Gemeinschaftserfahrungen möglich sind. Ich komme gelegentlich auch in Häuser, die so funktional, pflegeleicht und zweckmäßig eingerichtet sind, dass einem jede Lust am Verweilen vergehen kann.

Alle Bemühungen um menschliche Gestaltung von Wohnräumen kommen da an eine Grenze, wo uns die Fähigkeit, Wohnraum mit Leib und Seele zu erspüren, fehlt. Die Suche nach einem Kraftplatz zu Hause könnte ein Anfang sein, um diese Fähigkeit neu zu entdecken und weiter zu entfalten.

SEILTANZ

Eine milde Herbstsonne scheint an diesem Vormittag durch den Haupteingang ins große Zirkuszelt. Ohne Publikum, ohne Musik und ohne Artisten kommt mir der Raum etwas eigenartig vor. Nichts von Heiterkeit, kein Lachen, kein Klatschen, eine fast ernste Stille breitet sich aus.

Pablo prüft sorgfältig die Verankerung des Seiles und macht mit einem großen Schlüssel nochmals zwei, drei Umdrehungen. »So, alles bueno, vamos«, sagt er. Und tänzelt leicht und schnell hinauf zur kleinen Plattform, ich hinterher, mit einem starken Kribbeln im Bauch: Was du dir jahrelang gewünscht hast, wird jetzt wahr, du tanzest auf dem hohen Seil!

Pablo hat mir seine Fußbekleidung geliehen, eine Art Pantoffel mit aufgerauhter Sohle und entsprechend guter Haftung am Seil. Wir stehen nebeneinander, ganz eng, vor uns das straff gespannte Seil. Ich schaue dem nicht mehr ganz jungen Artisten in die Augen. Er strahlt Lebenskraft und Würde aus und unendlich viel Vertrauen. »Da, mit die rechte Fuß auf Zeichen am Boden, halbe Fuß Seil, halbe Fuß Boden. Bueno. Jetzt ich dir geben Balancierstange von oben. Die Hand auf markierte Stelle. Dann du kannst gehen, wie wir haben gemacht viele Male am Boden, gestern. Nicht vergessen: ruhig und tief atmen. Wenn du bereit bist, dann geh! Adios.«

Ich nehme den linken Fuß, setze ihn sachte auf das Seil, das leicht wippend Widerstand gibt. Noch habe ich Verbindung zum »Festland«, meine rechte Ferse steht auf der

Plattform. Mit dem nächsten Schritt bin ich »draußen«. Ich ziehe den Atem weit hinunter in den Bauchraum; ja, so ist es gut, das gibt Halt und Kraft. Und noch ein Schrittchen und noch eins. Ich bin im Gleichgewicht. Die tiefen Atemzüge hinab ins Becken bilden so etwas wie ein Gleichgewicht zur Spannung, die in der Balancierstange liegt. Ich spüre, dass ich verloren wäre ohne diesen Mittelpunkt unten im Bauch. Ich atme wieder auf ihn zu, ganz langsam, und komme vorwärts.

Ich vergesse, wo ich bin und dass ich drei Meter in die Tiefe stürzen könnte. Ein Glücksgefühl durchströmt mich: Es geht, ich kann's! Es wird alles gut werden, wenn ich dieses Gleichgewicht halten kann, mit der Balancierstange »draußen« und mit dem Atem-Mittelpunkt in mir drinnen. Es fließt, all die Stunden des Sitzens in der Meditation sind gegenwärtig, wirken und fließen ein in diesen Tanz auf dem Seil.

Der weiße Strich, der die Mitte des Seils bezeichnet, liegt hinter mir. Pablo ist mäuschenstill und folgt mir wie ein Schatten oder besser gesagt: wie ein Schutzengel unten in der Arena. Noch drei, vier Schritte und ich bin drüben ... auf der Plattform gegenüber. Jetzt! Uff! In diesem Moment fällt die ganze wunderbare Spannung von mir. Pablo klatscht, es hallt im leeren Zelt. Ich freue mich, und die Freude verbreitet sich im ganzen Körper. Ich bin nicht stolz auf meine Leistung, aber ich freue mich wie ein Kind und in die Freude verpacke ich die Gewissheit, dass ich jämmerlich abgestürzt wäre, hätte ich mich nicht jahrelang um einen Atem bemüht, der tief hinabreicht auf eine Mitte zu, die ich mir nicht einbilde: Sie ist da, sie trägt. Ich will den Zugang zu ihr offen halten, will sie »nähren« in meinem Atmen, damit sich in ihr jene Kraft speichert, die wir nötig haben für den Tanz des Lebens.

Als ich unten ankomme, empfängt mich Pablo mit einem freundlichen, warmen Lächeln und umarmt mich. »Sehr gut gemacht. Vielleicht du kannst noch werden Artist, aber schon ein bisschen alt, äh ...!« »Schon gut, Pablo«, sage ich, »es muss nicht sein.«

MITTEN IM ALLTAG

Mitte

eine kleine Sandbank
mitten im Strömen
der Wasser

greifbare Stille

Weite und Raum
mitten im Fluss
der alltäglichen Dinge

Anita Schmid

Poesie braucht nicht immer einen besonderen Raum und eine ausgesparte Zeit, damit sie sich entfalten und uns erreichen kann. Wichtig ist die Bereitschaft, sich von Texten, von Farben und Formen, von Stimmungen – von dem, was in der Luft liegt, ansprechen zu lassen. Ein Vorteil ist es auch, wenn wir uns einen Rest von Kindlichkeit bewahrt haben und bereit sind, uns zwischendurch auch einmal ablenken zu lassen. Wenn alles schnell gehen muss, hat die Poesie keine Chance.

Vielleicht berührt uns ein Gedicht mitten im Alltag, wenn wir noch am Briefkasten stehen und einen schönen Text gleich lesen »müssen«. Die Poesie fließt in die Gegenwart und verzaubert sie für einen Augenblick. Es ist wie der Blitzbesuch eines lieben Menschen.

So ist es mir mit dem obenstehenden Text von Anita Schmid ergangen, als ich ihn in der Tagespost fand. Das Gedicht holte mich von den Beschäftigungen des Tages weg und führte mich an ein Fenster: Für einen Augenblick saß ich am Wasser, atmete auf, schöpfte Kraft.

WACHSENDE RINGE

Den eigenen Weg gehen, achtsam,
Schritt für Schritt –
aus der Kreismitte heraus
Kraft schöpfend

Geradeaus gehe kein Weg, wir leben in wachsenden Ringen, sagen uns die Dichter. Sie weisen damit auf die Lebensprozesse in der Natur hin, wo die gerade Linie tatsächlich selten vorkommt.
Wenn ich auf Waldspaziergängen zu einem Platz komme, wo eben eine mächtige Tanne gefällt wurde, muss ich stehen bleiben. Die sichtbaren Jahresringe sind ein starkes Bild für Wachstum und Reifen. Wenn mir dann ein Förster noch erklärt, was die verschiedenen Farben und Formen der Kreise bedeuten, kann ich nur staunen. Ein starkes Bild, an dem wir uns orientieren könnten.

UNTERWEGS

Unterwegs
bin ich
seit meiner Kindheit.
Das Leben fordert mich auf,
den Weg zu gehen,
meinen Weg,
Schritt für Schritt.

Ich muss ihn nicht fröhlich
und beschwingt gehen,
das verlangt niemand von mir –
aber ich muss ihn gehen,
meinen Weg,
nicht den des Nachbarn,
der so viel leichter
zu gehen wäre,
scheinbar –
da ist das Leben unerbittlich:
Mein Weg,
das ist der Weg,
den nur ich gehen kann.

Da liegt er
voll Geheimnis,
voll Verheißung,
vor mir, hinter mir
und immer wieder vor mir.

Er lädt mich ein,
lockt mich auf eine Spur,
die es zu entdecken gilt.
Mein Weg
ist nicht ein Buch
mit sieben Siegeln:
Ich muss ihm nicht blind
vertrauen.
Der Weg
liegt nicht stumm da,
er spricht mich an.
Er hat seine eigene Sprache.
Ich kann sie lesen,
lesen lernen.

Es gibt zwar Lehrer,
aber sie werden mit jedem
Schritt entbehrlicher.
Umso wichtiger werden
Weg-Gefährten,
die beim Lesenlernen helfen.
Ohne sie
tappe ich im Dunkeln.
Ich will ins Gespräch bringen,
was ich entziffere,
will im Herzen erwägen,
was andere aus dem Weg
heraushorchen.

Die Sprache meines Weges
lesen lernen,
das geht nicht nur mit Kopf
und Herz,
sondern ganz zuerst mit
meinen Füßen.
Mit ihnen bin ich geerdet.
Sie spüren zuerst,
ob mein Weg
hart oder weich,
warm oder kalt,
einladend oder sperrig,
breit oder schmal ist.
Das muss zusammenstimmen,
was meine Füße wahrnehmen
und was mein Herz fühlt
und mein Kopf interpretiert,
wenn ich meinen Weg gehe,
meinen
Weg.

Unterwegs sein,
das heißt beweglich sein,
beweglich bleiben.
Ich bewege mich,
meinen Körper,
Schritt für Schritt.
Aber es ist nicht nur
der Körper.
Auch die Anschauung der Welt
ändert sich dabei –

unterwegs
bin ich ein Lernender:
Was mein Auge sieht,
was die Füße ver-stehen
und die Hände be-greifen,
was ich mit Weggefährten bespreche –
all dies
macht meine Weg-Erfahrung aus,
hat Konsequenzen
im Tun und Lassen.
So lernend wage ist
das nächste Wegstück.

Zum Unterwegssein
gehört auch das Stehenbleiben:
Ich werde müde,
komme ins Schwitzen,
schimpfe über das steile Stück
und über die Unwirtlichkeit
der Gegend.
Was soll ich mich noch anstrengen?
Ich habe es ja gut,
da, wo ich stehe.
Stehenbleiben,
das ist die große Versuchung
für den Körper und den Geist.
Es lohnt sich sowieso nicht,
flüstert mir einer ins Ohr.
Richte dich ein,
sei vernünftig!
Du änderst ohnehin nichts.

Stundenhalt,
Standortbestimmung,
das gehört zum menschenwürdigen Leben.
Ich füge mich ein
in den Rhythmus
von Tag und Nacht,
von Aufbrechen und Heimkehren,
von Geben und Nehmen.
Aber Stehenbleiben
für immer,
das will ich nicht.
Ich will der Spur
meines Lebens treu bleiben
und der Verheißung
folgen.

MANCHMAL IST ES GUT UND NÖTIG

Manchmal ist es gut und nötig,
draußen zu sein, am Rand,
wo ich Kontakt habe zu Menschen,
wo ich mich den Aufgaben des Lebens zu stellen habe,
wo Betriebsamkeit herrscht
und eine Bewegung die andere ablöst.

Manchmal ist es gut und nötig,
drinnen zu sein, nahe der Mitte,
wo ich allein bin,
wo nichts von mir verlangt wird,
wo die Bewegungen langsam zur Ruhe kommen
und Stille herrscht.

Rand und Mitte gehören zusammen
und bilden das Ganze,
in dem vieles aufblühen und Früchte tragen kann.
Freuen wir uns an den Schritten hin und her,
den kleinen und zaghaften hinein und hinaus,
den großen und mutigen gelegentlich,
die wir miteinander gehen.

DER ROTE FADEN

Der rote Faden ist es,
den ich suche,
in alten Bildern,
in neuen Büchern,
in Worten meiner Heimat,
im Dorf meiner Mutter,
in den Zügen des Bruders,
im Gang meines Kindes,
im Blick über Grenzen,
in meinen Träumen.

Silvia Trummer

Poesie finden wir nicht nur in der Sprache. Poetisch ist der Clown Dimitri in seinen Vorstellungen durch Bewegungen, durch seinen Gesichtsausdruck, in den Farben seiner Kleidung, in der Musik, in vielen Kleinigkeiten. Das Zarte und Leise, das Leichte und Beschwingte, das Angedeutete, all das macht Poesie aus. Und sie ist in vielfältigen Formen im Alltag zu finden. Oft überrascht uns ein poetischer Augenblick, und zwar an Orten, wo wir Poesie nicht erwarten. In der Straßenbahn zum Beispiel. Ich treffe eine Schulkameradin, wir reden von früher, vom alten Lehrer, vom Schulzimmer mit dem gebohnerten Riemenboden. Für ganz kurze Momente sitzen wir beide in der Schulbank, lassen uns verzaubern ... Vielleicht lässt sich der rote Faden meines Lebens anhand solcher poetischer Augenblicke freilegen. Das Gedicht von Silvia Trummer sei ein Anstoß dazu.

Ich stelle mir gute Gespräche mit vertrauten Menschen vor, in denen wir einander von starken Momenten im Leben erzählen, von Erfahrungen, die uns geprägt haben. Von Begegnungen, die unvergesslich bleiben.
Es sind Gespräche mit viel Schweigen dazwischen, mit Zeit zum Nachdenken. Vielleicht erkennen wir dann, wie eins mit dem andern zusammenhängt. Vielleicht geht uns auf, wie wir auf unserm Lebensweg geführt werden. Und dass ein Segen auf ihm liegt.

IN WACHSENDEN RINGEN

Das Jahr ist keine Linie, es ist ein Kreis. Wir leben »in wachsenden Ringen«, heißt es in einem Rilke-Gedicht. Vieles wiederholt sich, kommt wieder. Der Kreislauf des Lebens ist in den Jahreszeiten vorgegeben. In der Spannung zwischen Aufblühen und Absterben gedeiht das Leben. Das gilt für die Schöpfung und erst recht für das menschliche Leben. Das Jahr ist keine Linie. Es rundet sich. Das wird uns an den Übergängen besonders bewusst. Das Neue, das uns jenseits der Datumslinie erwartet, ist schon da – im Samen, der in der Rundung des Alten ruht. Wir fügen uns ein in die Geschichte, haben Verbindung mit den Menschen vor uns und sind doch aufgerufen, neue Wege zu gehen. Im Kreis. In wachsenden Ringen.

Der Kreis steht für Ganzheit, für Zusammengehörigkeit und Gemeinschaft. Im Kreis fühle ich mich getragen. Da sind andere, die mitgehen und Verantwortung für das Ganze tragen. Im Kreis steht eins mit dem andern in Beziehung und ist alles ausgerichtet auf eine Mitte, die Halt gibt.

Es ist gut, gibt Kraft und führt zur Besinnung, wenn wir uns beim Übergang in einen neuen Jahresring auf die Mitte des Lebens ausrichten. Beim Übergang von einem Jahr zum andern darf uns diese Gewissheit erfüllen:
Gott ist die Mitte, die trägt und will, dass wir leben, wachsen und uns entfalten. Gott ist die Mitte, bei dem unsere Sorgen und Sehnsüchte, unsere Stärken und Schwächen zusammenkommen dürfen. In dieser Mitte kann unsere

müde Seele ausruhen und neue Kraft schöpfen. In dieser Mitte zählt nicht das Haben, sondern das Sein. Von dieser Mitte aus werden die Gewichte so verteilt, dass zählt, was die innere Würde eines Menschen ausmacht.

Aus der Mitte des Kreises kann ich Gelassenheit bekommen, Zuversicht und Lebensfreude. Ich muss nicht verbissen ein Ziel verfolgen. Die Lebensaufgaben für ein weiteres Jahr kommen auf mich zu, und ich darf und kann sie mutig anpacken. Ich bin gefordert, mein Einsatz ist gefragt. Aber es hängt nicht alles von mir ab. Da ist die schöpferische Kraft aus der Mitte, die mich unterstützt. Wurzelkraft.

SICH SCHAUEND DEM KREIS ÜBERLASSEN

Sich schauend dem Kreis überlassen,
sich einfühlen ins Runde
ohne Anfang und Ende.
Herausspüren die Gebärde
des Umfangens, des Umarmens.

Der Innenraum des Kreises
gewährt Schutz, Geborgenheit,
Dazugehören, Ganzheit.
Was uns wichtig ist,
kreisen wir ein.
Aus der Mitte schöpfen wir Kraft,
erstarkt die Seele,
wächst der Mut.

Sich schauend dem Kreis überlassen,
das Vielerlei hinter sich lassen,
einsammeln das Zerstreute,
Mitte lebendig werden lassen
im Bild,
in uns.

ICH HABE ES SCHON ERLEBT

Ich habe es schon erlebt, dass Menschen im Kreis zu weinen begonnen haben, weil ihnen aufging, wie allein und isoliert sie sonst sind. Die Nähe anderer Menschen hat in ihnen ein fast vergessenes Gemeinschaftsgefühl wiedererweckt.

Dann gibt es Menschen, die ganz unruhig, fast kribbelig werden, wenn sie im Kreis mit anderen sitzen, weil sie die Verbindlichkeit spüren, die im Kreis liegt. Man hätte füreinander und für das, was aus der Mitte des Kreises als Aufgabe oder Antwort erwächst, Verantwortung zu übernehmen. Und das kann Angst machen.

Der Kreis ist anspruchsvoll, aber er gibt auch viel.

INS GLEICHGEWICHT KOMMEN

Die Fähigkeit des aufrechten Ganges ist uns nicht in die Wiege gelegt. Mühsam und über viele (auch schmerzhafte) Versuche haben wir als Kind gelernt, unseren Körper im Gleichgewicht zu halten. Später haben wir erfahren, dass es auch ein seelisches Gleichgewicht gibt. Wer vorwärtskommen und etwas erreichen will, braucht eine gewisse Stabilität, eine innere Sicherheit und Ruhe. Wie bekommt man sie?

Du kannst nur ganz bei dir selbst sein und deine Mitte erfahren, wenn du gelegentlich ins Schleudern kommst und außer Rand und Band gerätst. Wer nie außer sich gerate, könne auch nicht bei sich selbst sein. Diese Meinung eines guten Freundes hat mir jahrelang zu schaffen gemacht. Ist es wahr? Ich weiß es nicht. Ich erfahre immer wieder, dass mich gewisse Ereignisse aus dem persönlichen und öffentlichen Bereich ins Schleudern bringen. Ich fürchte, den Boden unter den Füßen zu verlieren. Und dies, obwohl ich mich seit Jahren bemühe, meine Mitte zu festigen und zu stärken, zum Beispiel durch Meditation und durch einen ausgeglichenen Lebensstil. Innere Harmonie und Ausgeglichenheit sind Ziele, die ich immer noch anstrebe (auch wenn mir kürzlich jemand bekannte, dass sie Ausgeglichenheit nicht für erstrebenswert halte).

Mittlerweile lasse ich das Philosophieren beiseite. Ich weiß, dass Im-Gleichgewicht-Leben nicht immer möglich ist. Ich lerne anzunehmen, dass ich mich immer wieder von der Mitte entferne und an den Rand gerate. Das gehört zum Leben, hat positive Seiten:

- Ärger und Wut können bewirken, dass ich mich für eine gerechte Sache engagiere.
- Schmerz und Trauer sind oft wichtige Durchgangsphasen, damit Neues wachsen und gedeihen kann.
- Angst und Unsicherheit können mir aufzeigen, dass ich mein Leben nicht aus mir selbst meistern kann und darum auf Halt und Unterstützung angewiesen bin.

Das Gefühl, es werde mir der Boden unter den Füßen weggezogen, empfinde ich zwar als sehr unangenehm. Ich gerate leicht in Panik. Ich suche mit aller Kraft das Gegenteil: Ich möchte spüren, wie ich mit beiden Füßen auf dem Boden stehe und standhalten kann. Vielleicht braucht es tatsächlich von Zeit zu Zeit die Erfahrung des Wankens, den Verlust des Gleichgewichts. Nur so kann ich immer sensibler werden für feinste Bewegungen in mir und zwischen den Menschen. Solche Erfahrungen gehören zum Leben, das ein ständiges Lernen verlangt. Langsam wächst auf diese Weise ein lebendiger Innenraum, in dem aus meiner Mitte heraus vieles möglich wird. Es gibt nicht mehr nur ein Entweder-oder, sondern den lebendigen Spielraum dazwischen; ein Sowohl-als-auch. Ich wage Schritte, auch in Neuland, gerate immer weniger in Panik, auch wenn der Boden unter mir nicht so sicher scheint. Wachstumsprozesse sind in der Natur nur möglich zwischen Aufblühen und Absterben, zwischen Wärme und Kälte, Sommer und Winter. Als Menschen haben wir teil an diesen Gesetzen der Schöpfung.
Die Sehnsucht nach Ausgeglichenheit bleibt. Ich werde zwar immer wieder die innere Ruhe verlieren, aber ich

möchte ebenso den Weg zurück ins Gleichgewicht immer besser kennen. Dabei ist mir der Atem wirklich ein guter Kamerad geworden (wie es im indischen Sprichwort heißt). Er hilft mir oft, zurück auf die Mitte hin zu atmen. So gleicht er aus, schafft eine gesunde Spannung zwischen Aufnehmen und Weggeben. Wenn ich den Atem so fließen lassen kann, spüre ich wie kaum sonst, dass Gleichgewicht etwas ist, was Körper, Geist und Seele gleichermaßen umfasst.

»In jedem Menschen befindet sind die Quelle, aus der er schöpfen kann, die Mitte, durch die er wirken kann, die Stille, in der er ruhen kann« (J. Löffler). – Ins Gleichgewicht kommen, das bedeutet auch, eine innere Quelle zu entdecken. Zu spüren, dass mir seelische Kraft zur Verfügung steht. Allerdings kann man diese Quelle nicht anzapfen wie eine Wasserleitung. Es braucht einen sorgsamen Umgang mit ihr. In Stille und Langsamkeit. Wer nicht acht gibt, lässt sich den Zugang zu dieser Quelle leicht mit allerlei Gerümpel verstellen. Bewusst leben könnte auch heißen: Ich räume »Gerümpel« weg und ermögliche den Zugang zur Quelle in mir.

Eine große und vielfältige Hilfe, um ins Gleichgewicht zu kommen, kann das Gebet sein. Mit und ohne Worte. Ich öffne mich vom Rand her auf eine verlässliche Mitte, lasse mich von einem personalen Du beschenken. In die Leere meiner Hände und meines Herzens fällt das Geschenk einer Liebe, die mich bejaht und annimmt. Und die will, dass ich lebe und wachse.

HEILKRAFT

Wenn wir heilig durch heilend ersetzen, dann verändert sich etwas. Das Wort heilig mögen viele nicht in den Mund nehmen. Es ist ihnen zu fremd, zu abgehoben. Aber heil und ganz werden, das ist eine tiefe Sehnsucht in uns. In den Alltagserfahrungen kommt viel Zerstückeltes und Zerbrochenes vor, auch Krankes. So suchen wir nach heilenden Energien, nach heilenden Kräutern; nach Menschen, die heilende Kräfte auf andere übertragen können. Ohne Zweifel gibt es diese heilenden Kräfte in der Natur und in Menschen. Jede Mutter, jeder Vater kennt sie, wenn es gilt, ein trauriges Kind zu trösten oder einem Familienangehörigen in der Krankheit beizustehen.
Die Wörter heil und heilig haben den gleichen Stamm. Also haben sie auch von der Bedeutung her etwas Gemeinsames.

Der Heilige Geist ist jene Kraft der Schöpfung, die bewirkt, dass sich etwas entfaltet und wächst, aufblüht und Früchte trägt. Hildegard von Bingen nennt diese göttliche Kraft viriditas, also Grünkraft. Sie wirkt in allem, was lebt – in Pflanzen, Tieren und Menschen. Und wenn es eine göttliche Kraft ist, dann wirkt sie zum Wohl des Menschen. Der Heilige Geist ist nicht zerstörerisch, sondern aufbauend, heilend. Er will das Schöne, das Beseelte, das Lebendige, das Weiterführende.

Der Heilige Geist kann in schwierigen Verhandlungen eine Wende zum Guten bringen. Er ist da am Werk, wo sich Menschen versöhnen, in der Gesellschaft oder in einer Familie und unter Bekannten und Freunden. Der Heilige

Geist fördert Kräfte, die zu einem Neuanfang führen. Er heilt auf diese Weise, was krank ist.
Der Heilige Geist lebt in Menschen, die eine Ausstrahlung haben und andere begeistern und mitreißen können, damit sie sich einsetzen für eine gute Sache, zum Wohl der Menschen. Wir reden von »Menschen mit Charisma«. Durch sie bewegt sich etwas. Am Horizont wird sichtbar, wie ein Zusammenleben in Frieden und Gerechtigkeit möglich wäre.

Diese Beispiele zeigen, dass heil und heilig zusammengehören. Aber es gibt natürlich auch Unterschiede. Und Grenzen.
Es gibt heilende Kräfte in uns, und wir sind aufgefordert, ihnen zum Durchbruch zu verhelfen. So viele Lebensbereiche haben diese Heilkräfte nötig. Da sind wir in die Verantwortung gerufen. Wer es versucht, im Kleinen wie im Großen, spürt bald einmal die Grenzen. Wir sind auf eine höhere Macht angewiesen. In den Naturreligionen, etwa bei den Indianern, gibt es sehr eindrückliche Gebete zum »Großen Geist«, der hinter allem steht und uns hilft. In der christlichen Tradition kennen wir sehr schöne Gebete zum Heiligen Geist, etwa der Pfingsthymnus *»Veni, creator spiritus«*, (»Komm, Gott Schöpfer, Heiliger Geist«). Dass wir uns entfalten dürfen und unsere Kreativität ins Spiel bringen und uns dabei ein heiliger und heilender Geist behütet, stärkt die Lebenskraft und darf uns mit großer Freude und Zuversicht erfüllen.

Das sind nicht einfach fromme Worte, die zu den christlichen Festen passen. Es lässt sich im Alltag einer Familie erfahren und leben. Wenn unsere Kinder aus dem Haus

gehen, zur Schule, zur Arbeit, dann wünschen wir ihnen, dass es ein guter Tag wird. Wenn wir den Kindern den Segen mitgeben – in Worten, in kleinen Gesten – dann tun wir dies im Bewusstsein, dass unsere eigene Heilkraft nicht ausreicht. Wir bitten den Heiligen Geist, dass er unsere Familie und alle, die unterwegs sind, begleite.
Beides ist nötig: unsere Zuwendung, ein liebes Wort, eine Geste, ein Händedruck und die Bitte um Gottes Segen. So wirken heilende und heilige Kräfte in unserem Alltag.

UNS ANVERTRAUT

In letzter Zeit werden wir oft mit Ereignissen konfrontiert, die großen Schaden anrichten. Es sind Naturkatastrophen oder kriegerische Ereignisse. Wir nehmen sie zur Kenntnis, können vielleicht etwas spenden – aber es ist fast immer ein großes Gefühl der Ohnmacht, das zurückbleibt.
Ähnlich ergeht es mir, wen ich zuhöre, wie Fachleute die Zusammenhänge zwischen Politik und Weltwirtschaft erklären. Was kann ich da schon ändern, bewegen, damit Macht und Reichtum gerechter verteilt werden? Man könnte also bei mancher Gelegenheit im Gefühl von Ohnmacht versinken. Und dann ändert sich gar nichts.
Ich bekomme wieder Boden unter die Füße, wenn ich mich auf die Möglichkeiten in meinem persönlichen Umfeld besinne. Wir alle haben Talente und Fähigkeiten mitbekommen, uns ist ein Stück Welt zur Mitgestaltung anvertraut. Es geht dabei in den wenigsten Fällen um große Einflussmöglichkeiten in dieser Gesellschaft. Aber was in einem begrenzten Umfeld gedeiht und wächst, kann ausstrahlen. Das hängt zusammen, die »große Welt« besteht aus vielen kleinen.

Ermutigung zu kleinen Schritten, das will ich dem Gefühl der Ohnmacht gegenüberstellen. Ein poetischer Text von Joop Roeland ist mir dabei eine große Hilfe. Er trägt den Titel »Uns anvertraut«:

Nicht die Zerstörung der Erdbeben,
nicht das Erschrecken der Blitze,
nicht die Gewalt der Orkane,
und nicht die Weite des Kosmos
oder die Majestät der Berge,
oder die Herrlichkeit des Sonnenaufgangs
sind uns anvertraut:
sondern nur das,
was uns zärtlich macht,
mitleidend, erbarmungsvoll:

der Schlaf eines Kindes,
die Zerbrechlichkeit einer Frühlingsblüte,
die Wehrlosigkeit eines Lammes,
die Schlaflosigkeit eines Kranken,
die Einsamkeit eines Alten,
der Hilferuf eines Verirrten –
alles was klein ist, verwundbar,
ist uns anvertraut.

Ob Gott nicht auch deswegen
als Kind zu uns gekommen ist,
damit er sich
uns anvertrauen kann?

Joop Roeland

PERSÖNLICHE WORTE

»Versuche öfters hinter den Augen zu lächeln!« Je älter ich werde, umso häufiger nehme ich mir diesen Ratschlag einer befreundeten Autorin zu Herzen, am liebsten auf dem täglichen Morgenspaziergang. Es bleibt nicht ohne Wirkung. Meine ernsten Gesichtszüge entspannen sich. Das Lächeln »ohne Grund« bringt eine Prise Heiterkeit in mein Herz. Ich nehme mich zurück, spüre einen Anflug von Gelassenheit. Das sind gute Momente zum Tagesanfang.

Der Alltag bringt dann viel Routine. Es gibt Dinge, die einfach erledigt werden müssen. Wie ich es denn schaffe, alles bewusst und achtsam zu tun, werde ich bei Lesungen gefragt. Wer meine Texte liest, könnte auf die Idee kommen, dass dahinter ein veritabler Lebenskünstler stecke. Nun, ich schreibe nicht, weil ich am Ziel angelangt bin und aus dem Vollen schöpfen kann. Ich erzähle Geschichten und berichte von kleinen Begebenheiten aus dem Alltag, nicht weil ich es besser weiß und weit fortgeschritten bin. Ich will mich selbst und Leserinnen und Leser ermutigen, auf dem Weg zu bleiben. Als Lernende. Mit der Lebenskunst ist man nie am Ende.

Zu diesem Lernprozess gehört auch der vernünftige Umgang mit Spannungen. Mit dem Wunsch, achtsam und bewusst zu leben, kann ich mich auch überfordern. Ich weiß, dass es Zeiten gibt, in denen ich alles andere als achtsam lebe. Da ist es wichtig, dass ich das Gefühl, im Defizit zu sein, nicht zu stark werden lasse. Es braucht eine geduldige und versöhnliche Haltung auch mir selbst gegenüber. Aber klar: Ich will dran bleiben. Schritt für Schritt.

In einem Punkt habe ich auf diesem Weg Gewissheit bekommen. Eine allgemein gehaltene Anmutung (»Ich nehme mir vor, wieder bewusster zu leben«) hilft nicht weiter. Es braucht ganz konkrete Verankerungen im Alltag. Kleine Abmachungen mit mir und/oder mit den Mitbewohnern im Haushalt, die auch eingehalten werden können. Das ist selbstverständlich eine ganz persönliche Angelegenheit. Für mich sind es: vereinbarte Zeiten der Stille (kein Radio zum Frühstück), eine Viertelstunde Zeit für gute Lektüre, respektierte Zeiten des Rückzugs, Briefe von Hand schreiben, Mahlzeiten genießen, ein Gedicht oder ein Gebet laut sprechen. Oder eben: Hinter den Augen lächeln, auf dem Morgenspaziergang.

Bruno Dörig